「最高の終活」

実践ガイドブック Q&A

50歳からのサクセスフル・ライフを目指して

三井住友信託銀行「終活サポート研究会」編著

はしがき

　「人生100年時代」と言われる今、「終活」への注目が再び高まってきています。人生100年時代の到来は、超高齢社会の我が国にさまざまな変化をもたらしつつあります。人生80年を前提とした時代においては、シニア世代の方々のお考えは、「いかに争いごと無く、資産をのこすこと」が中心でした。

　しかし、50年前と比較し平均寿命が約12年延長している「長寿化の進展」、年間死亡数が140万人を超える「大相続時代」の到来といった社会の変化を受け、これまでの円滑な資産承継ニーズに加え、「体力や意思決定能力減退へのそなえ」など、シニア世代の方々のお考えやご不安はさらに多様化していくものと思われます。

　そうしたなか、本書のテーマである「終活」は、シニア世代の方々の課題や不安を解消していくための一つの活動とも言えるでしょう。

　これまでの「終活」は、「のこされた方の負担軽減のため」、また「どう旅立つべきか」を中心に考えられる方が多かったと思われますが、最近では「充実した人生をどう全うするか」というポジティブなイメージに変わってきています。

　「終活」を、これからをより良く生きるための準備活動としてとらえていただき、「資産形成」、「資産承継・資産管理」、「資産活用」をプランニングされる際の課題や不安の解消を進めながら、やりたいことにチャレンジをする計画をたてられてみてはいかがでしょうか。

本書は、三井住友信託銀行の「終活サポート研究会」が中心となって、人生 100 年時代における「終活」の課題や悩みに対し、どう対策をすればよいのか、具体的なアクションをイメージいただき、みなさまに「自分ごと」としてとらえていただけるようにまとめたものです。

　三井住友信託銀行では、お客さまの人生 100 年時代のベストパートナーとなるべく、お客さま本位のコンサルティングを実践し、適切な商品・サービスを、お客さまの人生の中の適切なタイミングでお届けするよう努めております。本書をみなさまの「終活」を実践いただくための参考としていただき、当社のサービスがそれをサポートさせていただけるところがあれば誠に幸いです。

2023 年 3 月

三井住友信託銀行株式会社
取締役副社長
岩熊 清司

第 1 章

想像以上に大変！
「終活」・「死後手続き」と意外な盲点編

Q01

「終活」はなぜ必要なのですか？
いつから、何から始めればよいのですか？

A 「終活」が必要な理由は、そのメリットがたくさんあるからです。思い立ったらすぐに始めましょう。

解説

近ごろ、「終活」という言葉を見聞きすることが増えました。いざというときにそなえて「終活」をしておきたいと思っても、なかなか最初の一歩を踏み出せない方が多いようです。では、「終活」はなぜ必要で、いつからどういうことをすればよいのでしょうか？

ある日突然あなたが倒れたら……？

想像してみてください。ご家族や周囲の方々にあなたご自身の意思を何も伝えず、何の備えもしないままで、ある日突然、あなたが倒れたらどうなるでしょうか？

周囲の人たちは、あなたの緊急入院や介護生活、終末期、そして死後と、今

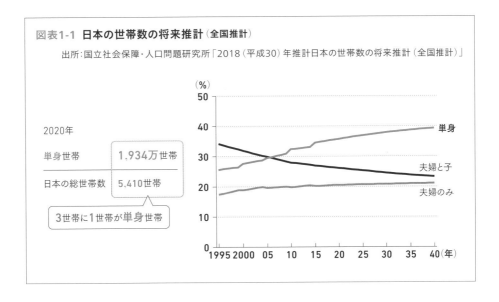

図表1-1 日本の世帯数の将来推計（全国推計）

出所：国立社会保障・人口問題研究所「2018（平成30）年推計日本の世帯数の将来推計（全国推計）」

2020年

| 単身世帯 | 1,934万世帯 |
| 日本の総世帯数 | 5,410世帯 |

3世帯に1世帯が単身世帯

後起こりうる場面の都度、「本当にこの決断でいいのだろうか」と悩み、疲れ切ってしまうかもしれません。あなたも、望んでいない治療を施されたり、意に沿わない終末期を過ごすことになったりするかもしれません。

　同居しているご家族がいる場合には、日頃の会話の中で、入院や介護が必要になったときのこと、終末医療、死後のことについても、ご自身の希望を伝えおくことができるかもしれません。しかし、ご家族はあなたの言葉を覚えていて、その希望どおりに実行してくれるでしょうか？

　ご家族が遠く離れて住んでいる場合には、十分な意思疎通ができず、希望を

図表1-2 **最期まで幸せに過ごせる、終活の4つのメリット**　　　出所：三井住友信託銀行作成

1	家族に迷惑をかけない	● 万一にそなえて事前の意思表示 ● 事前に大切なものや重要な書類の整理
2	想いや理想を実現できる	● 終末期をどこでどう過ごす? ● 延命治療はどうする? ● 葬儀やお墓は? ● 財産を誰にどうのこす?
3	見られたくないものを処分できる	● 昔の手紙や写真、日記を処分 ● メール、SNS 投稿を整理
4	残りの人生をよりよく自分らしく生きられる	● 生活費、入院費、介護費はいくら使う? ● 余裕資金でやり残したことをする

伝えられないこともあるかもしれません。また、ご家族がいないという場合も
あるでしょう。

　2020年日本の総世帯数のうち、3世帯に1世帯が単身世帯、つまり、一人
暮らしをしています。国立社会保障・人口問題研究所 「2018（平成30）年推計
日本の世帯数の将来推計（全国推計）」では、2040年には2.5世帯に1世帯が単
身世帯となっています。

　人生100年時代、「いつかは私も一人」は、他人事ではない切実な問題です。

　こうしたマイナスの状況を回避して、あなたらしい人生を過ごし、幸せな終
末期を迎えるために必要なのが「終活」なのです。

「終活」のメリット

1. 家族に迷惑をかけない

　「終活」をはじめるメリットの1つ目は、ご家族や周囲の方が思い悩む負担
を軽減できるということです。ご家族や周囲の方は、たとえあなたが意思を伝
えられなくなったとしても、あなたの希望をできる限り叶えたいと考え、悩む
でしょう。そのときに、「こうしてほしい」というあなたご自身の事前の意思表
示があれば、ご家族の負担を軽減できるのです。

　また、あなたの死後、ご家族はのこされた物の処分や死後の手続きに取り組
むことになります。「終活」として、事前に大切なものや重要な書類の整理を
行っておくことでご家族への負担を減らすこともできます。

2. 想いや理想を実現できる

　2つ目は、あなたご自身の「想いや理想を実現できる」ことです。老後を迎
えるにあたって延命治療はどうするか、終末期をどこで過ごしたいかなど、漠
然とではあっても何かしらの想いや理想があるのではないでしょうか？「終活」
をすることで、それらを実現できる可能性が高まります。

3. 見られたくないものを処分できる

　3つ目は、ご遺族などに「見られたくないものの処分ができる」ことです。
若い頃の手紙や日記、写真など、見られたら恥ずかしいものは誰にでもあるで
しょう。メールやSNSへの投稿などにもそういったものがあるかもしれませ
ん。「終活」をすることで、それらを整理することができます。

4. 残りの人生をよりよく自分らしく生きられる

　4つ目は、「終活が余生の充実につながる」ことです。ご家族や周囲の方にご
自身の希望を伝えておくことで、入院中や介護中でも安心して過ごせます。ま
た、事前に資産を洗い出し、今後の生活費や入院、介護にかける費用について

も決めておけば、お金についての心配も減らせますし、ご自身を見つめ、人生でやり残したことをやり遂げるよい機会にもなります。

　このように、「終活」は、のこされた方の負担を減らすことと同時に、ご自身らしい人生をイキイキと過ごし、最期を迎えられるというメリットがあるのです。

「終活」は「思い立ったが吉日」

　では、「終活」はいつ、何から始めればよいのでしょうか。「終活」には、あなたご自身の死後にそなえるだけではなく、入院や介護生活にも備えつつ、人生をどう過ごしたいかを考えることも含まれます。そのため、「終活」は元気なうちにやっておくことが大切です。実際に始めてみると、手続きや決めなければいけないことも多く、先送りするほどできないことが増え、ご自身や周囲の方にとって負担になる可能性があります。

　また、遺言書の作成など、不安を解消する対策はプロに相談できることもあり、早く始めることでさまざまな情報を比較・検討する時間を作ることができます。

　これからの人生を安心して、楽しく、そして最期まで自分らしく過ごすためにも、明日といわず今日出来ることから「終活」を始めましょう。「そのうち」では遅すぎといえるでしょう。「終活」は、まさに「思い立ったが吉日」なのです。

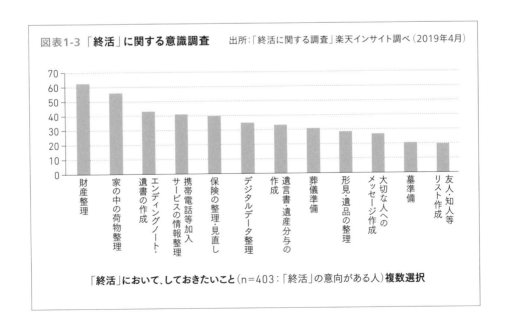

図表1-3 「終活」に関する意識調査　　出所：「終活に関する調査」楽天インサイト調べ（2019年4月）

「終活」において、しておきたいこと(n＝403：「終活」の意向がある人)複数選択

Q 02

ハッピーな老後を過ごすために！
〜「資産の管理」を含めた「終活」やることリストとは？〜

A 主に3つのリストが考えられます。老後資金の準備について、最期の過ごし方について、死後の希望についての3つです。

解説

「終活」とは「死後事務」＋「今後の人生へのそなえ」

「終活」とは「万一のときの身の回りのこと（死後事務）」にそなえるだけでなく、「今後の人生」にもそなえるものです。今後のことを想定し、「何を準備しておくべきか」を考え、整理しておくことで安心へとつながります。

図表2-1 「死後事務」・「今後の人生のそなえ」の内容のポイント　出所：三井住友信託銀行作成

死後事務

親族・友人への連絡	お葬式・お墓
家の片付け	ペットの世話
SNSアカウント	携帯電話等の解約
公共サービス等の解約	形見分け

今後の人生へのそなえ

入院生活	自宅の売却
介護生活	資産の整理
最期の過ごし方	遺書・遺言の作成

死後事務

万一のことがあった場合、葬儀の実施はもちろん、役所への行政手続き、病院代などの支払い、公的年金などの届出事務など、さまざまな事務手続き（死後事務）が発生します。おひとりで暮らしている場合、これらすべてを事前に準備する必要がありますし、ご家族と同居されている場合も、のこされたご家族に多大な負担がかかります。

今後の人生のそなえ

これから年を重ねていくにつれて、「入院生活」「介護生活」へのそなえは、「終活」を考えるうえでとても大切です。入院や介護が必要になった際には、服用中の薬の有無やアレルギー等を事前にわかるようにしておく必要がありますし、施設に入所するか否かを事前に準備する必要があります。施設に入所する場合、元気なうちに見学をしておきましょう。どのような施設に入りたいかを決めておけば、いざというときにご家族や周囲の方も安心できますし、ご自身の安心感にもつながります。

「資産の管理」を含めた「終活」に向けて

「終活」といえば、「エンディングノート」が思い浮かぶかもしれませんが、

図表2-2	出所：三井住友信託銀行作成

考えるリスト	
老後資金の準備について	①今後の収入と生活費、貯蓄はいくら位か？ ②「入院・介護」になった際は、どこから資金を捻出するか？ ③医療保険には加入しているか？
最期の過ごし方について	④施設への入居を考えているか？ ⑤施設へ入居する場合は、自宅はどうするか？ ⑥自宅を売却するといくら位になりそうか？
死後の希望について	⑦どのような葬儀を希望しているか 　（一般葬・家族葬・直葬・生前葬）？ ⑧どのように供養されたいか 　（先祖代々のお墓・新しく建てるお墓）？ ⑨遺産の分配方法の希望はあるか？

いきなり「エンディングノート」を作り出すのも大変です。まずは大きく、「老後資金の準備」、「最期の過ごし方」、「死後の希望」について考えてみてはいかがでしょうか？

「資産の管理」の面でみてみますと、今後の収入と生活費、貯蓄額、保有不動産がポイントになります。それぞれいくら位あるのかを考えてみますと、今後のライフプランも立てやすいかと思われます。施設への入居を考えられている場合は、相応の資金が必要となりますので、保有不動産を売却するかどうかまでイメージしておくのがよいかと思われます。

図表2-3 医療費・介護費用等の概算　　出所：三井住友信託銀行作成

医療費	介護費用	相続税額
60歳以降 生涯医療費の 自己負担額の目安 **約236万円**	介護に必要と考える費用 1人あたり **約1,199万円** 実際にかかった費用 1人あたり **約581万円**	相続税の 課税対象となった 被相続人1人あたり **約1,737万円**

相続税法改正により
課税対象者数は
約2.1倍に増加*

*2014年
（相続税法改正前）比

社交ダンス費用 **約8万円***	国内旅行費用 **約9万円***	お墓購入費用 **約169万円***	葬儀費用 **約111万円***
*年間平均費用	*年間平均費用	*全国平均価格	*全国平均価格

医療費：厚生労働省「医療保険に関する基礎資料〜令和元年度の医療費等の状況〜」をもとに、女性60歳時点の平均余命で当社試算。
介護費用：（公財）生命保険文化センター「2021（令和3）年度生命保険に関する全国実態調査」をもとに当社作成。
相続税額：国税庁「令和2年分相続税の申告事績の概要」相続税額は税額合計を相続税の申告書（相続税額があるもの）の提出に係る被相続人数で割ったもの。
社交ダンス費用、国内旅行費用：（公財）日本生産性本部「レジャー白書2021」
お墓購入費用：（一社）全国優良石材店の会「2021年版お墓購入者アンケート調査」
葬儀費用：（株）鎌倉新書「第4回お葬式に関する全国調査」（2022年）葬儀費用、飲食費、返礼品の合計。

想像以上に手続きが大変！
「死後事務」・「相続」の流れを教えてください

A 死後に行う手続きには、大きく分けると役所等の手続きや遺品整理など「死後の事務に関する手続き」と、財産に関する「相続手続き」があります。

解説

　その手続きを行うのは、当然のことながらご家族やご友人など、のこされた方です。どんなに「迷惑をかけたくない」と思っても、あなたご自身がすることはできません。しかも、期限が決められているものもあります。のこされた方が、あなたの死後に行う手続きを確認しましょう。

　図表 3-1 は、あなたが亡くなった後、概ね 14 日以内に行う手続きの一覧です。まず、のこされた方は、(1) 医師が作成した死亡診断書を受け取ります。事故死や突然死など医師が診療していない場合には死体検案書が発行されます。そして、(2) 葬儀社に連絡して、遺体の搬送をしてもらったのち、葬儀内容の打ち合わせをします。(3) 死亡後 7 日以内には、役所へ死亡届の提出と火葬許可証の申請・受け取りをしますが、これらは葬儀社が代行してくれる場合が大半です。葬儀を行い、火葬が終了したら火葬執行済の印が押された埋葬許可書を受け取ります（納骨箱に収められています）。埋葬方法・お墓が決まっている場合は納骨を行います。

　その後、(4) 14 日以内に役所で健康保険証や介護保険証の返却、年金事務所や年金相談センターで未支給年金の手続きをします。世帯主が亡くなった場合は、(5) 世帯主変更届の提出を行いますが、夫婦二人暮らし世帯でどちらかが亡くなられた場合や、一人暮らし世帯の方が亡くなられた場合は不要です。

図表3-1 **死亡直後から行うこと**

出所：三井住友信託銀行作成

期限	必要な手続き	窓口	あなたが生前に準備できるもの
当日	（1）死亡診断書（死体検案書）の受け取り	医師	
	（2）葬儀社の手配、搬送	葬儀社など	葬儀の希望を伝えておく
7日以内	（3）死亡届の提出、火葬許可の申請および火葬許可証の受け取り	役所	
すみやかに	関係者への連絡（通夜、葬儀・告別式）	葬儀社など	訃報を知らせてほしい人の連絡先一覧を準備する
適宜	埋葬の手続き	墓地・寺院など	埋葬、お墓についての希望を伝えておく
14日以内	（4）社会保険・年金関係手続き	役所、年金の手続きは年金事務所や年金相談センター	社会保険の手続きに必要な証書の保管場所を伝えておく
	（5）世帯主変更届の提出（必要な場合）	役所	

　わずか2週間の間に、のこされた方は、これほど多くのことをしなければなりません。

　のこされた方の手続きを楽にするためには、生前にどんな葬儀にしたいか、訃報を誰に連絡するか、遺影の写真はどれを使ってほしいかなど希望を伝えておくと、のこされた方の負担は軽くなるでしょう。

　また、健康保険証や年金証書など社会保険関係の書類がどこにしまってあるかを伝えておけば、手続きもスムーズとなります。

　なお、「おひとりさま」など頼るご親族がいない場合や、のこされた方の負担を減らしたい場合には、信頼できる方や専門家などと「死後事務委任契約」を結んでおけば、これらの手続きを行ってもらうことができます。

　次に、「相続手続き」についてです。

　あなたが亡くなると、あなたの財産や権利、義務が相続人に引き継がれます。相続が発生したときに、のこされた方がやらなければならない手続きや届け出は数多くあるのです。

期限	必要な手続き	窓口	あなたが生前に準備できるもの
3か月以内	生命保険・損害保険の手続き	保険会社	保険証券の場所を伝えておく
	相続人の確定		出生から現在までの戸籍謄本を揃えておく
	相続の放棄・限定承認	家庭裁判所	
4か月以内	所得税の申告・納付	税務署	固定資産税納税通知書など役所からの書類をまとめておく
	相続財産の調査・収集	各金融機関、法務局	通帳や不動産契約書等財産に関する書類をまとめておく
10か月以内	遺産分割協議		遺言書を作成しておく
	預貯金等の換金・名義変更	各金融機関	
	不動産の名義変更	法務局	
	借入金債務の承継手続き	各金融機関	
	相続税の申告・納付	税務署	

図表3-2 相続開始後の諸手続き　　出所:三井住友信託銀行作成

しかも、相続税がかかる場合は、相続開始を知った日（通常はあなたが亡くなった日）の翌日から10か月以内に、相続税の申告、納付までを済ませなければなりません。

相続トラブルはお金持ちの家だけの話、というわけではありません。財産の額にかかわらず生前に遺産の分割方法を伝えていなかったり、遺言書の作成をしていなかったりしたために、あなたの死後に、のこされたご家族に遺産を巡って争う"争族"が起きるかもしれません。

加えて、病気などで自由に動けなくなったり、認知症を発症するなどの理由で、ご自身では意思決定や手続きができなくなる可能性もありますので、後々のトラブルを避けるために元気なうちからしっかり対策をしておきたいものです。

図表3-2は、相続で行う手続きを時系列で一覧にしたものです。

のこされた方は、あなたが亡くなり相続が発生すると、遺言書の有無の確認や相続人の確定、相続財産のリストアップなどの作業に追われます。

そして、遺言書がない場合は相続人全員で遺産の分け方を決め、遺産分割協議書を作成したのち、金融機関などで手続きを行います。納税がある場合は、納税資金を準備したうえで、10か月以内に相続税の申告と納付を行います。なお、特例を利用することで相続税がかからない場合でも申告は必要となります。

　限られた期間内に多くの手続きが必要な相続手続きは、のこされた方の負担が大きい、大変な作業です。

　あなたが生前にやっておける一番大切なことは、取引のある金融機関や固定資産税納税通知書・住民税納付書などの役所等からの通知、預金通帳、保険証券、契約書など必要書類をまとめておくことです。また、相続手続きがスムーズに進まないと予測できる場合には、遺言書の作成をしておくことも必要となります。

「終活」のモヤモヤをまとめて相談できるのが「信託銀行」といわれていますが、それはなぜですか?

A 「終活」に関して、担っている業務が多く、取り扱う商品・サービスも多いからです。

解説

「信託銀行」は、「銀行業務」の他に、個人や法人が持つ財産を信託の設定により受託者に移転させ、その財産を管理・運用する「信託業務」と、遺言の保管や執行業務等、相続関連業務や不動産の仲介業務等の「併営業務」を行っている銀行のことをいいます。担っている業務が多い分、取り扱っている商品も多く、あなたの「終活」に対する"悩み"の解決や"想い"を形にするサポートをしてくれる金融機関といえます。ここでは、三井住友信託銀行を例にどのような商品・サービスがあるのかみていきましょう。

「認知症」にそなえて準備したい場合

「認知症」になったら預金や不動産の管理はどうすればいいんだろう…と考える方もいるのではないでしょうか。その場合は、「任意後見制度支援信託」、「民事信託サポートサービス」、「人生100年応援信託〈100年パスポート〉」といった商品・サービスを活用することができます。

任意後見制度とは?

これは、将来判断能力が不十分な状態になった場合にそなえて、あらかじめ自らが選んだ代理人（任意後見人）に、ご自身の生活、療養介護、財産管理に関する事務について、代理権を与える契約（任意後見契約）を公正証書によって結

図表4 「終活」に対応した商品・サービス			出所:三井住友信託銀行作成
認知症対策	任意後見制度支援信託		
	民事信託サポートサービス		
	人生100年応援信託〈100年パスポート〉〈100年パスポートプラス〉		
相続対策	生命保険		
	家族おもいやり信託（遺言代用信託）		
	遺言信託		
	生前贈与	教育資金贈与信託	
		暦年贈与サポート信託	
		結婚子育て支援信託	
	不動産の活用		
	おひとりさま信託（死後事務）		
人生の充実	不動産活用ローン（リバースモーゲージ）		

んでおくといったものです。「任意後見制度支援信託」は、任意後見制度を利用される方の財産を金銭信託で管理することで、任意後見制度をサポートする信託です。任意後見契約が発効するまでの間は、ご自身または手続きを代理される方（代理人による手続きは委任状が必要）で一時払いや定時定額払いに関する手続きが可能です。発効後は、金銭信託からの払い戻しには任意後見監督人の同意が必要なため、安全・確実に財産の保護を図ることができます。

「民事信託サポートサービス」とは？

　「民事信託（家族信託）」とは、信託銀行が引き受ける（受託者となる）信託ではなく、ご家族等に金銭や不動産などを信託し、代わりに管理・処分をしてもらう手法です。「民事信託サポートサービス」では、民事信託の組成コンサルティングや契約書作成支援を行った法律・税務の専門家と連携し、民事信託受託者（家族等）に対して、信託のために使う口座をはじめとする、金融・信託等の商品・サービスを提供しています。

「人生100年応援信託〈100年パスポート〉」とは？

　「預貯金引き出しの困りごと」に対するそなえとして、まかせる支払機能、

ねんきん受取機能、防犯あんしん機能、おもいやり承継機能の4つの機能を
パッケージ化した商品です。その中のまかせる支払機能は、元気なうちに信託
元本を預入れ、家族等を手続き代理人として指定（必要に応じ、手続き代理人による
払い出しチェックを行う同意者も指定）しておきます。判断能力低下前は本人が引き
出しますが、判断能力低下後などには指定した手続き代理人が引き出します。
手続き代理人への定時払い額の上限は30万円で、その他の出費は三井住友信
託銀行が用途を確認します。用途は医療、介護、住居費、税金、社会保険料に
限られ、請求書や領収書で確認します。身近に頼れるご親族がいない場合は、
手続き代理人に弁護士や司法書士を指定することができます。

　また、「人生100年応援信託〈100年パスポートプラス〉」は、上記ワンパッ
ケージの4つの信託機能に追加して、運用しながら将来の認知症や健康上の
不安にそなえることができる信託商品です。

相続にそなえて準備したい場合

　「わたしが死んだ後、お葬式代や税金は払えるかな…？」、「争族って聞いた
ことあるけど、うちは大丈夫かな…？」、「家族がいないけど、どうなるのだろ
う…？」と死後の心配をする方もいるでしょう。
　Q3でお伝えしたとおり、あなたの死後、のこされた方がしなければならな
い手続きは数多くあり、期日が決まっているものもあります。そして、預貯金
に関しては遺産分割協議が終わるまでは、原則引き出しはできず（2019年7月の
民法改正により、条件を満たせば、預貯金の一定割合については金融期機関に払い戻し請求す
ることで引き出しが可能）、葬儀費用や相続税の支払いに充てる費用は相続人ご自
身が準備しないといけない可能性があります。

葬儀費用やのこされたご家族の当面の生活費などが心配な方

　「生命保険」や「家族おもいやり信託（遺言代用信託）」が活用できます。生命保
険は、受取人による死亡保険金請求手続き後、原則5営業日以内に着金するの
で、有効な手段の1つです。「家族おもいやり信託」とは、万一のそなえと
する資金（100万円以上500万円以下）を信託銀行に預け入れ、相続が発生した際
に信託財産を受け取る方（法定相続人から1人）を指定します。相続発生後、指定
されたご家族は、信託銀行に支払いの請求をすることで資金の受け取りができ
ます。

"争族"を回避する遺産分割対策をされたい方

遺言書がない場合など、亡くなった方の意思がわからない状態の場合、争族（争う家族）が起こりやすいといわれています。

そこで、誰に渡したいかの意思を示す方法として、生命保険や遺言信託を活用することが挙げられます。生命保険は、死亡保険金受取人を指定することで「お金に宛名」をつけることができますので、有効な手段の1つです。

そして、もう1つは遺言信託です。遺言信託では、信託銀行が「遺言書の作成サポート、遺言書の保管、遺言の執行」のすべてを行います。遺留分（一定の相続人について相続財産の一定割合を相続することが民法により保障されている制度）を考慮しておく必要はありますが、遺言書を活用すれば、法定相続人以外（子の配偶者や事実婚のパートナーなど）にものこすことができ、かつ法定相続分と異なる財産分割も可能です。

子どもがいない、寄付など社会貢献をしたい、相続人同士で遺産分割協議が困難な関係（先妻の子と後妻の子がいる、海外に住んでいるなど）等の人は、特に遺言書作成が必要といえます。

財産評価対策をして大切な資産を多く引き継げるようにされたい方

まずは、相続税額がどのくらいになるかを確認し、対策できる点がないか確認しておきましょう。対策が必要な場合は、「生前贈与」、「生命保険」、「不動産の活用」が有効です。生前贈与を上手く活用し、財産の一部を次の世代へ移転しておくことで相続発生時の課税対象となる財産を減らすことができます。

相続人が受け取る生命保険は、相続税課税財産から非課税限度額まで控除することができるため、財産評価対策として有効です（非課税限度額＝500万円×法定相続人の数）。

相続税評価額は、一般的に現預金よりも不動産のほうが低く、さらに自用よりも賃貸用のほうが低くなることから、土地の有効活用なども対策の1つとなります。

家財整理やのこされたペットのことなど死後事務に不安のある方

一般的に死後の手続きは親族が行いますが、おひとりさまの場合、死後事務を行う人がいないという場合があります。そこで、「おひとりさま信託」を活用することができます。これは、「死後事務資金の管理」、「エンディングノートの提供と保管」、「SMSによる安否確認」、「寄付先の紹介」に加えて、一般社団法人安心サポートを介して、「葬儀・埋葬」、「遺品整理（デジタル遺品の削除含む）」、「ペット（犬猫）の終身管理」、「不法連絡」などを行う死後事務のサービスです。

今後の人生を安心して過ごしていくために、こうしたセーフティーサービスの活用も選択肢の1つです。

今後の人生をより充実させたい場合

　「手元資金を増やして趣味や旅行に使いたい！」という方は、「不動産活用ローン（リバースモーゲージ）」が活用できます。リバースモーゲージとは、自宅や所有している不動産を担保に、セカンドライフに必要な資金を借入れする商品です。一度にまとまった金額を借入れすることも、必要な時に必要な金額を借入れすることも可能ですので、趣味や旅行に使うことができます。

　また、一般的な住宅ローンなどとは異なり、毎月元金を返済する必要はなく、亡くなった時に元金と利息をまとめて返済する方法と、元金は据え置いて、利息だけ毎月支払う方法があります。

　今回ご紹介した商品・サービスは、十分な意思能力がないと実際のお申込ができません。三井住友信託銀行では今回ご紹介した商品・サービスの他にもさまざまな悩みを解決、想いをサポートできる商品・サービスを取り扱っていますので、お元気なうちに一度、ご相談してみてはいかがでしょうか。

• ブラウザの「パスワード」や「ブックマーク」に気を付けよう!

皆さんはインターネットサービスのIDやパスワードをどのように管理していますか? 皆さんの中には、WordやExcelで表を作ってパソコン内に保存しているという方もいらっしゃるのではないでしょうか?

あなたに万一のことがあった場合、IDやパスワードなどが一覧表になっていると、のこされたご家族はとても助かります。ですが、そもそもパソコンのIDやパスワードがわからなければ、一覧表を見ることもできません。意外とここが盲点になっています。パソコン内で一覧表を管理している方は、エンディングノートにパソコンのID、パスワード、一覧表の保存場所を記載しておきましょう。

また、終活の際に、パソコン内に保存している写真やメールを整理する方は多くいらっしゃいますが、見落としがちなのは、ブラウザのブックマーク機能です。ブックマークを見れば、その方がいつもどのようなサイトを閲覧しているかが一目瞭然! 趣味のサイト、行きつけのお店、ちょっとした調べごとなど、どんなページを登録しているか改めて確認し、必要があれば整理しておきましょう。

• 意外な盲点は、「死亡届」!?

のこされたご家族に迷惑がかからないようにとの思いから、「死後事務委任契約」を結ばれる方が多くいらっしゃいます。迷惑をかけたくない理由には、親族と疎遠になっていたり、遠方に住んでいる、仲がよくないなどさまざまな理由があります。また、相続人もおられず、独り身という方もいらっしゃるでしょう。

ここで盲点となるのが、「死亡届」です。そもそも死亡届が提出されなければ、せっかく「死後事務委任契約」を結んでいても始まりません。「死亡届も出してくれたらよいのに…」と思われるかもしれませんが、提出できる人が法律で決まっています。(戸籍法87条)

届出できるのは、親族・同居人・家主・地主・家屋管理人・土地管理人・公設所の長・後見人・保佐人・補助人・任意後見人(任意後見受任者を含む)となっており、「死後事務委任契約」の受任者は入っていないのです。「親族や同居人もおらず、土地建物ともあなたの持ち家かつ自宅で暮らしている場合は、誰に死亡届を出してもらうか…?」

そのような場合、「任意後見制度」を利用するのはいかがでしょうか? Q4

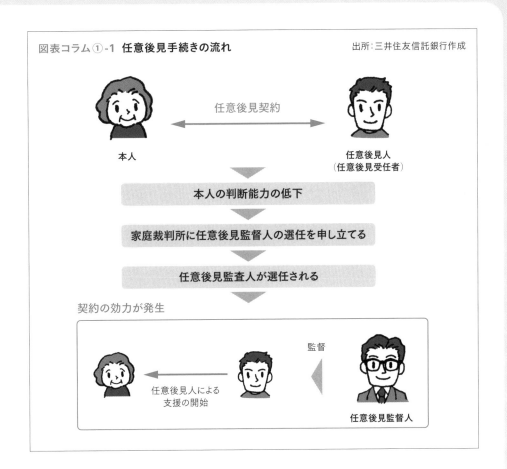

図表コラム①-1　任意後見手続きの流れ　　　　　　　出所：三井住友信託銀行作成

任意後見契約

本人　　　　　　　任意後見人
　　　　　　　　（任意後見受任者）

本人の判断能力の低下

家庭裁判所に任意後見監督人の選任を申し立てる

任意後見監査人が選任される

契約の効力が発生

任意後見人による
支援の開始

監督

任意後見監督人

でも触れていますが、「任意後見制度」とはあなたの判断能力が低下していない時期に、将来、判断能力が低下した場合にそなえて、あらかじめ支援してもらう人（任意後見人）を決めておく制度です。将来、あなたの判断能力の低下が表れ始めた場合に、家庭裁判所に任意後見人を監督する任意後見監督人を選んでもらうよう申立てをし、任意後見監督人が選ばれて初めて任意後見契約の効力が生じます。

　任意後見契約の効力が生じる前は、任意後見人ではなく、任意後見受任者という立場です。万一にそなえているので、判断能力が低下しなかった場合は、任意後見契約は何の効力もないということになりますが、今は、しっかりしていて、「大丈夫！」と思っていても、いつ、どうなるかはわかりません。「死後事務委任契約」と万一にそなえて「任意後見契約」もダブルで締結しておけば、「死亡届」提出の問題もクリアでき、あなたが亡き後、スムーズに死後事務手続きを行うことができると思われます。

第 2 章

家計の準備は大丈夫？
退職前後から終活直前までの期間に為すべき
「資産形成・資産管理」編

Q 05

生活資金をどう確保し、管理すべきですか？
50歳代からの資産形成でも税制優遇制度の「NISA」や
「iDeCo」は活用できますか？

A 50歳代からでも各種税制優遇制度を活用した資産形成を行うことは
十分にできます。

解説

現状確認として、まずは「家計の棚卸し」をしてみましょう！

生活資金を確保、管理するにあたっては、まず現状での「家計の棚卸し」に
取り組んでみましょう。具体的には、「家計でのP/L（Profit and Loss statement・損
益計算書）」と「B/S（Balance Sheet・貸借対照表）」の作成（図表5-1）をおすすめします。

家計でのP/L作成においては、以下のポイントを確認してみましょう。

• 収入と支出の金額を把握し、「収入＞支出」＝家計としての黒字を維持でき
ているか？

• 収支が黒字の場合は、その金額と年間での積み立て金額（貯蓄額）が一致し
ているか？

• 収支が赤字の場合は、支出項目で見直せるものはないか？

• 世帯の家族構成の変化に応じて、不要となる支出や見直しできる支出項目は
ないか？

家計でのB/Sの作成においては、以下のポイントを確認してみましょう。

• 今後のライフプランを検討するにあたって、現状でどの程度の資産が家計に
あるか？

• 各種ローンの見直し（借換え、繰上げ返済など）の必要はないか？

図表5-1 家計でのP/L、B/S

出所：三井住友信託銀行作成

P/L（家計の収支バランス：年間）

	項目		年額
収入	あなたの可処分所得（手取り収入） ※可処分所得＝収入－（所得税・住民税＋社会保険料）		600万円
	給与以外の収入（ご家族の給与や家賃収入など）		110万円
	収入合計（A）		710万円
支出	日常生活費	水道光熱費・食費・通信費・雑費など	230万円
	教育費用	学費・給食代・修学旅行費・塾・習い事費用など	18万円
	住宅費用	住宅ローン・維持費・家賃など	46万円
	イベント費用	旅行代・慶弔金など	34万円
	保険料	生命保険料・損害保険料など	20万円
	非消費支出	税金など	139万円
	その他	医療費・交際費など	84万円
	支出合計（B）		571万円

1年間の収支（A）－（B）	139万円

B/S（家計の資産・負債バランス）

資産		負債	
現金・普通預金	580万円	住宅ローン　借入金額	550万円
定期預金	450万円	借入残期間	7年　3ヵ月
財形貯蓄	100万円	現在の利率	2.3%
投資信託	130万円	教育ローン	円
株式	120万円	自動車ローン	円
持株会	50万円	カードローン	円
国債などの債券	10万円	奨学金	円
不動産	3,000万円	その他	円
貯蓄型の保険	200万円		
その他（車など）	200万円		
合計（A）	4,840万円	合計（B）	550万円

純資産（A）－（B）	4,290万円

50歳代からでも税制優遇制度を活用した資産形成への取り組みを！

「家計の棚卸し」を実践し現状の確認を行ったうえで、今後の「ライフプラン」・「マネープラン」に沿った資産形成に取り組んでみることをご検討されるとよいと思われます。

資産形成の検討にあたっては、勤務先の会社制度（財形貯蓄、持株会など）や国が設けた非課税制度（NISA制度、iDeCoなど）で、ご自身が活用できるものはないかどうかを確認してみてください。特に、NISA制度と確定拠出年金制度（企業型DC、iDeCo）は、近年、非常に注目が高まっています。

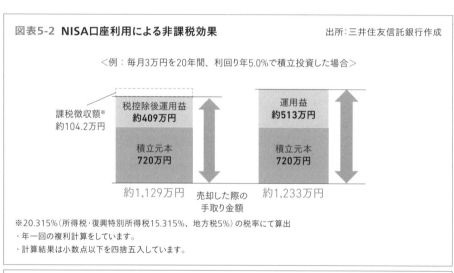

図表5-2 **NISA口座利用による非課税効果** 　　　　出所：三井住友信託銀行作成

＜例：毎月3万円を20年間、利回り年5.0％で積立投資した場合＞

課税徴収額※
約104.2万円

税控除後運用益
約409万円

積立元本
720万円

約1,129万円

売却した際の
手取り金額

運用益
約513万円

積立元本
720万円

約1,233万円

※20.315％（所得税・復興特別所得税15.315％、地方税5％）の税率にて算出
・年一回の複利計算をしています。
・計算結果は小数点以下を四捨五入しています。

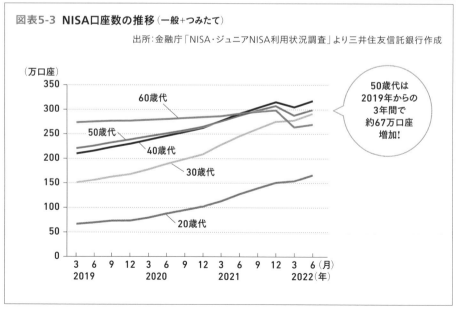

図表5-3 **NISA口座数の推移**（一般+つみたて）

出所：金融庁「NISA・ジュニアNISA利用状況調査」より三井住友信託銀行作成

（万口座）

50歳代は
2019年からの
3年間で
約67万口座
増加！

60歳代
50歳代
40歳代
30歳代
20歳代

3　6　9　12　3　6　9　12　3　6　9　12　3　6（月）
2019　　　2020　　　2021　　　2022（年）

「NISA制度」は、日本にお住まいの18歳以上の方が利用できる少額投資非課税制度です。銀行や証券会社などの金融機関で、少額投資非課税口座（NISA口座）を開設し、上場株式や株式投資信託等に投資をした場合、本来であれば売却して得た利益や配当に対してなされる20.315％の課税が、非課税になるというメリットを受けることができます（図表5-2）。

　なお、NISA口座の開設数は、若年層のみならず50歳代においても右肩上がりで増加しています（図表5-3）。

　さらにNISA制度は、2022年に岸田政権が掲げた「資産所得倍増プラン」の取り組みの一つとして再設計が進められています。具体的には、2024年から制度を恒久化し、非課税で投資できる期間は無期限、年間の投資枠も拡大する見通しです。今まで聞いたことはあるけれども利用はしていないという方は、是非、この機会にNISA口座の開設、利用をご検討されるとよいと思われます。

　また、確定拠出年金制度は2022年にさまざまな改正が行われています。その一つには加入年齢の拡大もあり、50歳代からでも間口が広がり、従来以上にご自身のライフプランに沿った活用が可能となっています。

○確定拠出年金制度（企業型DC・iDeCo）の加入可能年齢の拡大（2022年5月1日施行）

● 企業型DC

　従来、加入できるのは65歳未満の厚生年金被保険者でしたが、改正により70歳未満の方まで加入できるようになりました（※ただし、企業によって加入できる年齢などが異なります）。もし、あなたが50歳であれば、最長で20年間、この制度を活用することができます。

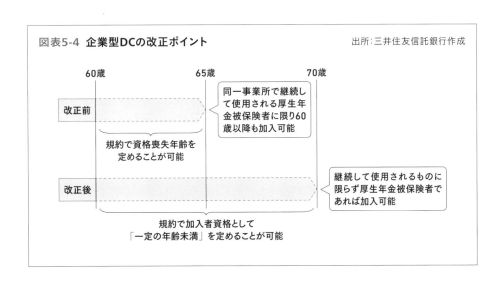

図表5-4　企業型DCの改正ポイント　　　出所：三井住友信託銀行作成

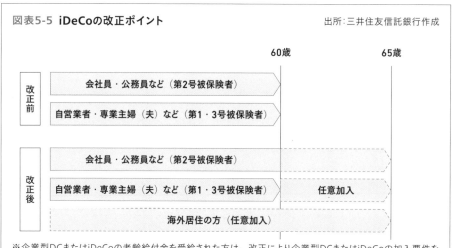

図表5-5 iDeCoの改正ポイント　　　　出所：三井住友信託銀行作成

※企業型DCまたはiDeCoの老齢給付金を受給された方は、改正により企業型DCまたはiDeCoの加入要件を満たした場合であっても、それぞれ再加入することはできません。
※公的年金を65歳前に繰上請求された方は、改正によりiDeCoの加入要件を満たした場合であっても、iDeCoに加入することはできません。

• iDeCo

　新たに65歳未満の以下の方が「iDeCo」に加入できるようになりました。

• 会社員・公務員など（国民年金第2号被保険者）で60歳以上65歳未満の方

• 国民年金に任意加入している60歳以上65歳未満の方

• 国民年金に任意加入している海外居住の方

　もし、あなたが50歳であれば、最長で15年活用することができることになります。

○企業型DC加入者のiDeCo加入の要件緩和（2022年10月1日施行）

　企業型年金の規約の定めによりiDeCoに加入できなかった企業型DC加入者の方も、原則iDeCoに加入できるようになります。ただし、企業型DCの事業主掛金とiDeCoの掛金の合計額が、各月55,000円を超えることはできません。また、企業型DCにおいて加入者掛金を拠出（マッチング拠出）している場合などには、iDeCoに加入できません。

　人生100年時代と呼ばれる長寿化の進展や定年延長による働く期間の長期化、それに伴う各種の税制優遇制度の拡充等によって、50歳代であっても十分に時間を味方につけた資産形成に取り組むことが可能となっています。その際に、国が設けた"お得な制度"を利用しない手はありません。50歳代はもちろん、退職前後層におかれても、是非、こうした各種税制優遇制度も積極的に

活用され、本格的な「終活」直前までの期間を有効に活用し、ご自身が「資産」を単に管理するだけではなく、その有する資産の「寿命」を少しでも延ばすことにつながる可能性のあるさまざまな資産形成策をご検討いただければと思います。

Q o6

資産の管理と運用を同時に
行うことは可能ですか?

A　可能です。三井住友信託銀行が提供しているサービスをご紹介します。

解説

　Q5でご説明したように、希望どおりの高齢期を過ごすためには一定の資産を確保しておくと安心です。そのためには、高齢期になってもご自身の状況に合った資産運用を、なるべく継続することも大切でしょう。

　一方で、人生100年時代では認知症などによる判断能力の低下が誰にでも起こり得ます。その場合、ご自身ひとりでは財産管理を行うことが難しくなるため、信頼できる誰かにお願いすることが必要になります。Q10では財産管理の方法をご紹介していますが、それらは契約によって、「託す人」に資産運用の権限やその範囲を設定することができます。また、金融機関も資産運用を継続しつつ、認知症など判断能力低下後の財産管理にそなえるサービスを提供しています。ここでは、三井住友信託銀行が提供しているサービスである「人生100年応援信託〈100年パスポートプラス〉」(以下、「100年パスポートプラス」)を例に、その仕組みをご紹介します。

「100年パスポートプラス」で、資産を「まもり」ながら「つかう」

　「100年パスポートプラス」は、「まもる」「つかう」「つなぐ」に便利な4つの機能をワンパッケージに提供する信託商品です。その中でもまずは、「まもる」「つかう」に便利な「まかせる支払機能」を見てみましょう(図表6-1、6-2)。

　「100年パスポートプラス」ではあらかじめ一定額以上の金銭を三井住友信託銀行に信託するとともに、ご家族などを手続代理人として登録しておきま

図表6-1 「**100年パスポートプラス**」のご利用イメージ　　出所：三井住友信託銀行作成

お元気な期間　　認知症や健康が不安な期間　　相続発生

100年パスポートプラス
ねんきん受取機能
防犯あんしん機能

まかせる支払機能

おもいやり承継機能

資産運用
余裕資金は将来のために運用を継続

- あらかじめご本人（委託者）が指定した手続代理人（ご家族など）は、信託されたご資金からご本人の生活費・医療費・介護費などをお支払いできます。
- 手続代理人は、ご本人の運用資産を解約（全部解約・一部解約）し、「100年パスポートプラス」に追加信託することができます。

す。それにより認知症や健康が不安になった場合には、その手続代理人がご本人に代わって、生活費や医療費・介護費などの支払いを行うことができます（※1）。この払い出しに際して、三井住友信託銀行が請求書など必要書類の確認を行うため、一定のチェック機能を果たすことができるため、安心につながります。

　さらに、その手続代理人はご本人の運用資産を一部または全部解約し、「100年パスポートプラス」に追加信託することもできます（※2）。それにより、なるべく「資産運用」を継続しながら、必要になればスムーズにつかえる「財産管理」の機能を同時に用意することが可能となっています。

その他にも、「人生100年応援信託〈100年パスポートプラス〉」には便利な機能が

　「100年パスポートプラス」には、「まかせる支払機能」の他に、3つの機能があり、それぞれ計画的に「つかう」、特殊詐欺から資産を「まもる」、大切なご家族に資産を「つなぐ」ことができます（図表6-2）。

　人生100年時代を安心して、あなたらしく過ごすために、こうした金融機関のサービスも検討してみてはいかがでしょうか。

※1：手続代理人は4親等内の親族、弁護士、司法書士、税理士を2名までご指定いただけます。手続代理人は次の2つの方法のうち、あらかじめ指定された方法で受け取る

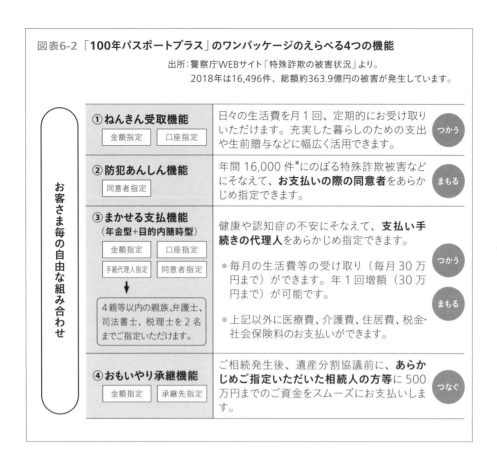

図表6-2 「**100年パスポートプラス**」のワンパッケージのえらべる**4つの機能**

出所：警察庁WEBサイト「特殊詐欺の被害状況」より。
2018年は16,496件、総額約363.9億円の被害が発生しています。

お客さま毎の自由な組み合わせ		
①ねんきん受取機能 金額指定　口座指定	日々の生活費を月1回、定期的にお受け取りいただけます。充実した暮らしのための支出や生前贈与などに幅広く活用できます。	つかう
②防犯あんしん機能 同意者指定	年間16,000件*にのぼる特殊詐欺被害などにそなえて、**お支払いの際の同意者**をあらかじめ指定できます。	まもる
③まかせる支払機能 （年金型+目的内随時型） 金額指定　口座指定 手続代理人指定　同意者指定 ↓ 4親等以内の親族、弁護士、司法書士、税理士を2名までご指定いただけます。	健康や認知症の不安にそなえて、**支払い手続きの代理人**をあらかじめ指定できます。 ●毎月の生活費等の受け取り（毎月30万円まで）ができます。年1回増額（30万円まで）が可能です。 ●上記以外に医療費、介護費、住居費、税金・社会保険料のお支払いができます。	つかう　まもる
④おもいやり承継機能 金額指定　承継先指定	ご相続発生後、遺産分割協議前に、**あらかじめご指定いただいた相続人の方等**に500万円までのご資金をスムーズにお支払いします。	つなぐ

ことができます。①年金型：あらかじめ指定された金額（30万円まで）を毎月受け取ることができます。②目的内随時型：本人の医療費・介護費・居住費・税金・社会保険料として受け取ることができます。

※2：手続代理人が解約できる運用商品には一定の条件があります。詳しくは三井住友信託銀行のホームページをご覧いただくか、窓口へお問い合わせください。

Q 07

形成した資産の取り崩しを行う際の
考え方・留意点は何ですか?

A 「セカンドライフプラン（実践編）」の策定が重要です。

解説

　一般的に、セカンドライフのプラニングにおいては、「寿命までに老後資産が枯渇するリスク（資産寿命リスク）」にそなえる観点から、平均寿命より長めに計画することが望ましいといわれています。

　最近は「死亡年齢最頻値」が使われるケースが増えてきました。「死亡年齢最頻値」は、厚生労働省の簡易生命表データの中で「最も死亡者数が多かった年齢」のことです。令和2年（2020年）で男性88歳、女性92歳であり、平均寿命よりも4年〜6年程度、高齢になっています。「死亡年齢最頻値」は、ご自身の周りを見回して「そういえば…」との実感を得やすい数字といえます。

　一方で、平均寿命よりも長いということは、その分、生活費やライフイベントへのそなえが多くなるともいえます。現役時代は「勤労収入」が家計収入の中心ですが、セカンドライフにおいては「勤労収入」の比率が小さくなり、公的年金を主とした「年金収入」が収入の柱になってきます。

　しかし、「公的年金」の受取額は一律ではなく、現役時代のライフスタイルや働き方によって「個人差がある（幅がある）」ことから、各個人・各世帯における「安心できる老後生活」をイメージしたうえで、それを維持するための生活費を具体化し、「必要な支出」よりも「収入」が安定的に上回っていくように計画（プラニング）することが重要です。その際に、「セカンドライフの収入」を構成する要素が「年金収入」と「資産収入（自助努力で準備した老後資金からの取り崩し）」です。

　「せっかく、ためて、ふやしてきた資産を取り崩すなんて」「資産が減るのは

心配だ」と思われる方も多いと思われます。しかし、老後資産を準備したの
は、老後を豊かに、安心して、過ごすためでした。金銭面のゆとりを保持しつ
づけるだけでなく、「年金収入に資産収入を加味して、将来のキャッシュフ
ローのコントロールをしっかりとプラニング」することで、セカンドライフで
取り組みたいイベントや選択肢に対し、お金の面で不安を抱くことなく、自ら
決定をしていくことができると考えられます。こういった視点から、充実した
老後生活を送るために「セカンドライフプラン（実践編）」の策定が重要だといえ
ます。

まずは「老後資金の取崩し計画」を考えてみることです。

　実践編の柱は、「老後資金の取崩し計画」を考えてみることです。まず、リタ
イア年齢を設定します。この年齢が、公的年金にプラスで上乗せする「自助で
準備する老後キャッシュフローの受け取り開始年齢」になります。老後キャッ
シュフローの「受け取り最終年齢」も考えます。「生きている限り」として、「死
亡年齢最頻値」で考えておく」のもよいと思われます。

　日本の公的年金は、現役時代の全期間での平均年収に対して約50％程度の
給付額を将来にわたって維持できるように制度設計されています。言い換えま
すと、公的年金の給付水準は現役世代の平均年収の半分程度ということになり
ます。一方で、65歳以降の家計における老後生活費用は、一般的には「現役
時代の年収の約7割程度」ともいわれていますので、公的年金がそのうち「5
割」を代替するのであれば、残りの「2割（20％）」を「自助」で準備するという
考え方もできます。

　実際には、退職金や企業年金、あるいは、場合によっては相続資金なども想
定されるかも知れませんが、まずは、「公的年金＋自助」で安心できる水準を確
保できるという計画をたてておくことで、気持ちに余裕が持てたり、セカンド
ライフで取り組みたい「自分の人生の選択肢」を広げることができるように思
われます。

　例えば、支給開始65歳〜受取り終了88歳とした場合、平均年収500万円
で、「上乗せ比率20％」とすると、「公的年金に毎年プラス100万円のキャッ
シュフロー」をプラニングする、ということになります。この前提で、今、65
歳で老後資金として1800万円お持ちの方を想定し、老後資金の寿命（資産寿命：
取り崩していくと何歳でゼロになるか）をシミュレーションしたのが図表7-1です。

　運用せずに取り崩していくパターン①だと資産寿命は83歳ですが、年3％
運用を加味するパターン②では、88歳到達時点で307万円の資金余裕となり

図表7-1　　　　　　　　　　　　　　　　　　　　　　　　出所：三井住友信託銀行作成

	運用の有無とインフレ想定	老後資金の寿命
1	運用せずに取り崩し	83 歳
2	年 3%で運用しつつ取り崩し	88 歳 （承継資産額 307 万円）
3	年 3%で運用しつつ取り崩し （ただしインフレ年 2%を見込む）	85 歳

ます（これは次世代への承継資産となります）。こういった形でご自身の「老後資金の取崩し計画」を具体化してみてください。その際の留意点は「将来のインフレ（物価上昇）」も見込んでおくことです。2000 年以降、デフレ（物価の下落）が継続してきたことで、将来に向けたシミュレーションにおけるインフレの考慮は限定的でしたが、今後は留意すべきです。

　インフレは、言い換えますと「お金の価値が目減りすること」ですので、インフレが進むと資産価値の目減りピッチが早まることになります。図表 7-1 のパターン③は、年 3%運用に、インフレ（年 2%）の影響を加味していますが、資産の実質価値で見ると、資産寿命が 85 歳になっていることを確認ください。

これまでのセカンドライフプランのアップデートも大切です。

　「老後資金の取崩し計画」が出来たら、次は、もう一度、あなたのセカンドライフにおけるイベントを考えていただくことが大切です。セカンドライフにおける「日常支出（生活費）」と、「趣味」、「交際」、「介護」、「医療費」といった「イベント支出」とを確認して、これまでのライフプランをアップデートされることをおすすめします。

　では、介護費や医療費といったイベント支出へのそなえをどう考えればよいのでしょうか？

　図表 7-2 は、縦軸は経済的負担、横軸はその発生確率を表しています。図表の左上は「発生確率は低いが、発生した場合の家計面での影響が大きい」もので、「世帯主の急死」などが該当します。それに対して、右下は「発生が予測しやすく、計画的に準備しやすい」もので、「家のリフォーム費用」などが想定されます。中間的な領域は「医療費・介護費」などが該当すると思われます。全

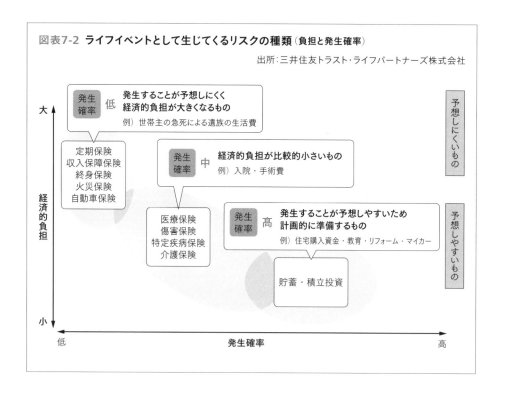

図表7-2 **ライフイベントとして生じてくるリスクの種類**（負担と発生確率）

出所：三井住友トラスト・ライフパートナーズ株式会社

発生確率 低　発生することが予想しにくく
経済的負担が大きくなるもの
例）世帯主の急死による遺族の生活費

発生確率 中　経済的負担が比較的小さいもの
例）入院・手術費

発生確率 高　発生することが予想しやすいため
計画的に準備するもの
例）住宅購入資金・教育・リフォーム・マイカー

大　経済的負担　小

定期保険
収入保障保険
終身保険
火災保険
自動車保険

医療保険
傷害保険
特定疾病保険
介護保険

貯蓄・積立投資

低　発生確率　高

予想しにくいもの

予想しやすいもの

体としては、「カバーしたいリスク」と「そのリスクに相応しいそなえ方」をイメージすることが大切です。

　発生した際に経済的負担が大きくなるものほどしっかりと保険で備える必要がありますので、「発生を予測しやすいもの」は「貯蓄や積立投資」、「発生を予測しにくいもの」は「保険」がマッチしているといえます。こう整理すると、介護費や医療費といったものは保険でカバーすることが合理的なイベントといえるでしょう。こういった視点で、現役時代の各種保険やそなえを点検してみることをおすすめします。

　50歳代以降の皆さんは、退職金や相続資金といったそれぞれのイベントで、必要な資金イメージも見えてくる年代です。まだセカンドライフプランを計画されていない方は「実践編」を、すでにライフプランを立てている方は実践できるように「精緻化」していただくとよいでしょう。ライフプラン、マネープランは『一度策定すれば、完了』ではなく、『目的地や寄港地が変われば、そのたびに書き換えていく航海図』といったイメージで、手入れをしていただくことが重要と思われます。

　長寿化により、現在の日本人において死亡者数が最も多い年齢である「死亡年齢最頻値」は、男性88歳、女性は92歳となっています（厚生労働省『簡易生命表』より）。この「生物学的寿命」が延びることにより考えなければならないのが、「生物学的寿命」よりも「資産寿命」が先に尽きてしまい資産が枯渇するリスクです。それでは、資産枯渇をしないよう「資産寿命」を延ばすために、主な支出である老後生活費をどのように考えればよいのでしょうか?

● 世帯の"かたち"はどう変化してきたか?

　この老後生活費、当然ながら世帯の構造によっても大きく変わってきます。まずは、日本における世帯構造の変化を振り返ってみましょう。〈図表コラム②-1〉では、65歳以上の高齢者がいる世帯の構成割合を示したものです。昭和の時代は、三世代世帯が約半数強を占めていた状態ですが、徐々に減ってきています。1980年からの約40年間で、三世代世帯はおよそ5分の1に減少してしまいました。一方で、単身世帯の比率は着実に増えてきています。同じ1980年からの約40年間で、単身世帯の割合が約3倍になっていることがわかります。

● 65歳以上におけるおひとりさまと二人以上世帯の生活費は?

　では、パートナーがいる世帯（二人以上世帯）と単身世帯における65歳以上の

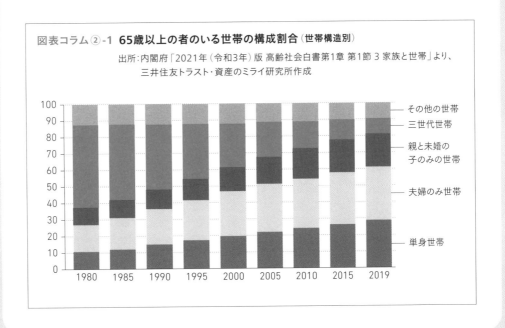

図表コラム②-1　**65歳以上の者のいる世帯の構成割合**（世帯構造別）
出所:内閣府「2021年（令和3年）版 高齢社会白書第1章 第1節 3 家族と世帯」より、三井住友トラスト・資産のミライ研究所作成

生活費は現状どのような差があるでしょうか？　図表コラム②-2、②-3は総務省家計調査のデータですが、二人以上世帯では単身世帯よりも **1.7倍程度多い** 結果となっています。これは最低でも二人の生活費であるため、**一人当たり最大でも11.9万円** の計算になります。特に、住居費や光熱費などは、二人以上で住むことにより、単身世帯よりも割安になっていることがうかがえます。一方で、交通・通信費などは、二人世帯の方が一緒に出掛けるなどの機会が増えるせいか、単身よりも相当程度多くなっています（三人以上で住んでいる世帯も含まれるため、単純な比較はできない）。

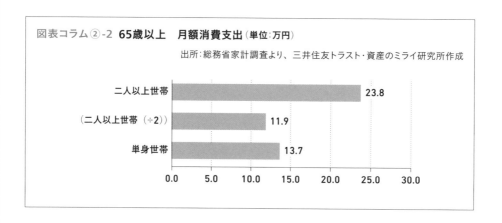

図表コラム②-2　**65歳以上　月額消費支出**（単位：万円）

出所：総務省家計調査より、三井住友トラスト・資産のミライ研究所作成

二人以上世帯	23.8
（二人以上世帯（÷2））	11.9
単身世帯	13.7

図表コラム②-3　**65歳以上　月額消費支出内訳**（単位：万円）

出所：総務省家計調査より、三井住友トラスト・資産のミライ研究所作成

	二人以上世帯	二人以上世帯（÷2）	単身世帯
食料	71,215	35,608	36,972
住居	16,211	8,106	13,310
光熱・水道	21,745	10,873	12,741
家具・家事用品	10,934	5,467	5,264
被覆及び履物	5,642	2,821	3,341
保険医療	15,840	7,920	8,765
交通・通信	29,480	14,740	13,905
教育	531	266	7
教養娯楽	20,038	10,019	13,004
その他消費支出	46,933	23,467	29,900

● 平均では語れない？　現役時代の生活水準と老後の生活水準想定の関係

　さて、上記までは統計データをもとに年代別の平均像で確認してきました。一方で、もう一つの観点として、「現役時代の生活水準を老後には簡単に変えられない」ことも考えられます。三井住友トラスト・資産のミライ研究所では、2022年1月に実施の「住まいと資産形成に関する意識と実態調査」において、「現在の現役生活費」と「老後生活費の想定」を聴取しています。特に、退職前後と想定される50歳代・60歳代を抽出してみると、図表コラム②-4のとおり、現役生活費と老後生活費の想定の平均には正の相関がみてとれます。これはまさに、老後においても現役時代の生活水準を意識していることの証左であると考えられます。

　また一方で、現在の生活費が一定額以上である場合、老後生活費の想定額は、現在の生活費よりも低く見積もられることもわかります。折れ線グラフに示すとおり、現在の生活費が毎月およそ25万円以上の方は、老後生活費を現在のおよそ7～8割と想定しています。やはり、老後において使える金額は、現役世代の時ほどとは考えていないのだということがわかります。

　上記でみてきたように、世帯構造によって老後の生活費も変わってくること、また一方で現役時代の消費性向もすぐには変えられないことなどもうかがえます。ご自身の現在の生活水準を、老後もある程度の割合で維持したいという意向も垣間見えますが、しっかり資産形成を行うと同時に、資産の取り崩しに関しても計画を立て、実行に移すことで、ご自身の寿命の前に「資産寿命」

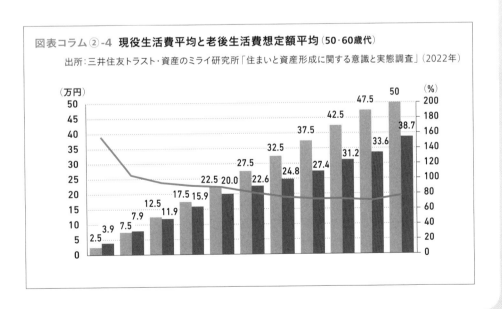

図表コラム②-4　現役生活費平均と老後生活費想定額平均（50・60歳代）
出所：三井住友トラスト・資産のミライ研究所「住まいと資産形成に関する意識と実態調査」（2022年）

が尽きないような対応が必要といえます。

　また、「資産の取り崩し計画」においては、その間の物価上昇（インフレ）に関しても考慮する必要があります。物価上昇（インフレ）により、将来の生活にかかる消費支出は増える可能性がありますので、日々の収支の管理だけでなく、ご自身の資産の「実質的価値」を維持するための「資産運用」などを実践していくことも必要となってくるといえるのではないでしょうか？

第 3 章

これだけは元気なうちにやっておきたい ❶
〜入院・介護へのそなえ〜編

Q o8

「エンディングノート（未来の縁-ingノート）」難しく考えずに
まず書けるところから書いてみてはいかがでしょう?

A　いざ「エンディングノート」を書こうと思っても、「何を書けばいい
んだろう？」と戸惑ってしまう方もいらっしゃるでしょう。
「エンディングノート」は、人生の最期を迎えたときにのこされた方
が困らないように、あなたの考えや想いを伝えるために準備するもの
です。別名「終活ノート」とも呼ばれています。
これまでの人生を振り返ってご家族や周囲の方に伝えたいことを書い
たり、やり残したことを明確にして、今後の人生をより充実したもの
にするきっかけにもなります。
使用する「エンディングノート」によっては項目が用意されているこ
とをもありますので、何を書けばよいかわからない場合には、項目が用
意されているノートを使用するのも一つの方法です。記入した内容に
法的拘束力はありませんし、作成にあたっての法的なルールもありませ
ん。"今はこう思っている"という気持ちを書いておくことが大切です。

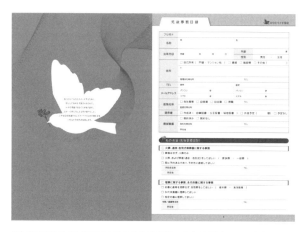

例)「三井住友信託銀行おひとりさま信託　未来の縁-ingノート」

まずは記載しておきたい項目を10項目に絞ってご紹介します。

項目1 「あなたご自身について」

あなたのお名前、生年月日、住所、メールアドレスなどを書いておけば、誰が書いたものかが一目瞭然です。賃貸住宅や施設に住んでいる場合は、賃貸等に関する契約書を一緒に保管しておいたり、在処を記載しておくと、のこされた方は探す手間がなくなります。

項目2 「ペットについて」

ペットは大切な家族です。ペットの名前や種類を記載するだけでなく、あなたがお世話をできなくなったときにそなえて、ペットの引受け先を考えておきましょう。ご友人やご親戚にお願いする場合は、託し先の名前、住所、電話番号を記載します。ペットホームにお願いする場合は、契約書や予約書をわかる場所に置いておきましょう。また、ペットが好きな食べ物やおもちゃ、持病、ペット医療保険加入の有無などペットに関する情報をできるだけ細かく記載しておきましょう。

項目3 「医療・介護について」

認知症などで判断能力が低下したり、意識不明・重篤な状態になったりした場合のために、アレルギーや持病、常用薬、延命治療を希望するかも書いておきましょう。延命治療はご家族に難しい判断を強いることになるので、万一のときのご家族の負担を軽減できるでしょう。介護状態になった場合にそなえて、自宅で療養したいのか、介護施設に入りたいかなどの希望も記載しておきましょう。

項目4 「葬儀・埋葬・永代供養に関すること」

「葬儀はせず火葬のみしてほしい」、「葬儀は家族葬にしてほしい」など、あなたが考えていることを記載しましょう。事前に葬儀社を決めて予約をされている場合は、契約書や予約書をわかるところに置いておきましょう。

また、最近では「終活」の一つとして遺影写真を生前に撮影したり、使ってほしい写真を選んでおいたりする方が増えています。あなたが納得のいく遺影写真を準備した場合は、保管場所も書き示しておきましょう。

契約をされているお墓や納骨堂がある場合は、寺院や霊園の住所、連絡先を

記載しておきましょう。契約をされていない方は、永代供養墓に埋葬を希望するのか、樹木葬、海洋散骨などの自然葬を希望するのかなど、想いを記載しておくとよいですね。

項目5 「財産について」

財産の内容を一覧にまとめておくと、万一のときに、のこされた方が円滑に手続きを進めることができます。

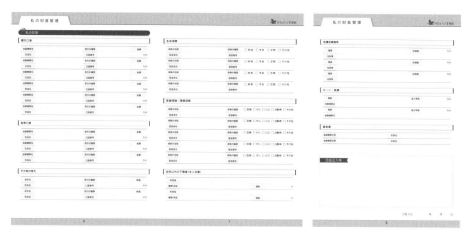

例）三井住友信託銀行「おひとりさま信託　未来の縁-ingノート」より抜粋

預貯金や有価証券の場合は、金融機関名・支店名・口座番号、不動産の場合は所在や用途、その他加入している生命保険や負債・ローンの情報、貸金庫の有無、年金番号などについても記載しておきましょう。財産は日々変化しますので、この項目は定期的に見直しをするのがおすすめです。財産の分与や処分に関することは、「エンディングノート」に記載しても法的拘束力はありませんので、別途「遺言書」を作成する必要があります。

項目6 「家財の処分や形見分けについて」

資産価値の低い貴金属品やコレクションなど、思い出が詰まった品を誰に分けるのか、その品の所在もあわせて記しておきましょう。中には、「ご家族は興味を示さないが、愛好家には人気のもの」、「資産価値はないが、歴史的に貴重なもの」もあると思いますので、それらの譲渡希望先も決めておきましょう。

項目7 「SNSやデジタルデータ等デジタル遺品について」

あなたが利用していたSNSや各種アカウントの削除や契約の解除が必要にな

ります。パソコンや携帯電話を保有している場合、ロック解除のパスワードを記載しておきましょう。また、LINEやInstagramなどのSNSを利用している場合や各種webサイトに登録している方は、メールアドレスやID、パスワードについても忘れずに書いておきましょう。

項目8 「クレジットカードや公共サービス等について」

あなたが使っていたクレジットカードの解約、利用していた電気、水道、ガスなどの契約解除、場合によっては未払い金の精算が必要になります。クレジットカードの場合は、保有しているすべてのカードの名称とカードの番号、公共サービス等の場合は、利用サービス（電気、ガス、水道、○○新聞、プロバイダ、NHKなど）、利用会社、お客さま番号・契約者番号などを記載しておきましょう。

項目9 「訃報連絡について」

あなたの交流関係について、ご家族が把握していないことはよくあることです。万一の事態が迫ったときには一目会いたい、葬儀に参列してほしい、もしくは訃報だけでも送ってほしいなど希望していることがあれば記載しましょう。知らせてほしい遠いご親戚、ご友人・知人、会社関係の方などの名前、連絡先、関係性を記しておけば、ご家族の負担が軽減できるでしょう。

項目10 「家族や周囲の人へのメッセージ」

「エンディングノート」はのこされた人への最後の手紙ともいわれています。お世話になっている方に向けて、日頃なかなか伝えられない感謝の言葉、言いそびれてしまったお詫びの言葉、大切な思い出、あるいは次世代に是非伝えたいレシピなど、伝えたいありのままの気持ちを綴ってみましょう。

「エンディングノート（未来の縁–ingノート）」は気軽な気持ちで書き始めましょう

「エンディングノート」に記載しておきたい10項目をご紹介しましたが、すべて書くだけでも、1日で終わらないことがほとんどだと思われます。今回書いた内容があなたの最期の意思で絶対に変更ができないといったものではありません。人の考えや気持ちは変わることがあって当たり前です。変わったら、変わったときに、また書き直せばよいのです。気楽に考え、書けるところから書かれてみてはいかがでしょうか？

Q 09

「生前整理」は何から始めたらよいですか?
「のこす・手放す」を決めるコツは?

A ご自身にとって何が大事か・大事ではないかを掘り下げることが重要です。明日が人生最期の日と思い覚悟をもって向き合ってみましょう。本項では、生前整理で物を捨てる判断の仕方について、ご紹介いたします。

解説

あなたが突然亡くなったら、ご家族やご友人など、のこされた方が身のまわりのものを整理することになります。しかし、身の回りのものと一口に言っても、財産として価値のあるもの、価値がないため処分すべきもの、経済的な価値がなくても、当事者にとって思い出のある大切なもの（形見などと言われます）があり、これを峻別することはとても大変な作業です。

財産として価値のあるものは、遺言により引き継ぐ人を指定することができますが、価値がないものを処分してもらったり、形見を誰に渡したりといった希望は、原則として遺言で定めることはできません。

いつかこれらを整理しておこうと思っても、元気な間はなかか手がつけられない方が多いようですが、突然、病気で倒れる可能性もありますし、のこされた方たちの負担を考えると、生前整理に早すぎるということはありません。まずは元気なうちに始めてみることが大切です。

ラクな片付けのコツ

片付けとは、使っていないものを捨てるだけでなく、譲る、売る、支援物資にするなどの手段で家の中から外に出すことです。

終活のなかで、片付けをする場合は、「絶対今回で片をつける」、「明日が人生最期の日と思って物と向き合う」という覚悟をもつことで、"捨てられないから取っておく"という選択肢がなくなり、究極の判断ができるようになります。覚悟を決めたら、あとは3つのコツを実践しましょう。

3つのコツ

1. やることは片付けだけにすること（整理整頓はしない）

全部のものをひろげて、整理整頓をしながら、捨てるとのこすを判別していくのは避けましょう。物が多くて大変だと思いますので、いらないものを片付けるのみにしてみてください。

2. 時間を決めて片付けをする

片付けは一日では終わりません。1日15分等の時間を決め、負担がかかりすぎないように実施していきましょう。

3. 毎日続ける（ただし、できない日は、無理しない）

家中の不要なものがなくなるまで、1日の習慣に片付けを取り入れましょう。

片付けをスタートしてみましょう

（1）キッチン

モノが多いキッチンは1度では終わりません。シンク下の調理器具類から始め、次に棚や冷蔵庫などを開始し、食器棚は最後にしてみましょう。使っていない調理器具や、壊れかかっているものなどは、どんどん捨てていきましょう。

（2）クローゼット

まずは、「絶対に着ない服」を抜き、次に「いつか着るかも」を着てみて、判断していきましょう。着物などの高価なものも、捨てられないからのこすのではなく、家族に欲しいものがあるか確認して選んでもらうのがよいでしょう。

（3）リビング

リビングも家族のものなどがたくさんあり、1回では終わらないでしょう。リビングボードやテレビボードなど引出しの多いところから始め、「なぜここに、こんなものが?」と思うモノや不要なものを、どんどん捨てていきましょう。ご自身以外のものはすぐに処分せず一旦は段ボール等に入れに入れ、1週間たったら処分するとご家族に宣言しましょう。

もちろん、いくら生前整理をしても「死後、自分では処理できない遺品」は
のこります。のこされる方に負担を掛けないよう、死後の事務手続きをプロに
一任するサービスを利用する選択肢もあります。生前整理をきっかけに、ご自
身では処理できない遺品の整理についても準備を始めてみることをおすすめし
ます。

Q10

もし、自分が認知症になったら？
早急に対処すべき課題は何ですか？

A 認知症が理由で判断能力が不十分になると、預貯金の管理やさまざまな契約をご自身で行うことが難しくなり、振り込め詐欺や悪徳商法の被害に遭うおそれが高まります。課題を認識し対策を考えましょう。

解説

認知症とはどういう病気か？

　認知症は、脳の病気が原因で起きるもので、もの忘れや判断力の低下が見られ、その結果、生活がうまく送れなくなる状態を指します。また、うつや幻覚、妄想などの精神症状が見られることもあります。高齢化の進展とともに、日本における認知症の方の数は急増しており、65歳以上の高齢者では6人に1人程度、2025年には、65歳以上の約5人に1人が認知症になると推察されています。

　認知症は、アルツハイマー型認知症、脳血管性認知症、レビー小体型認知症と大きく3種類あり、特に、アルツハイマー型認知症の患者数が多くなっています。昔のことはよく覚えていますが、最近のことは忘れてしまう症状が代表的です。

　長生きすればするほど、認知症を患うリスクは高くなります。65歳〜69歳では約1％が認知症患者であるのに対し、95歳を過ぎると男性の約54％、女性の約73％が認知症になっているのです。

　認知症は徐々に進行していき、比較的調子のいい時と不調の時が交互に訪れながら、次第に症状が重くなっていきます。周囲が気がついた時点では、ご本人の判断能力がかなり低下していることが多いです。発症後には、ライフプラ

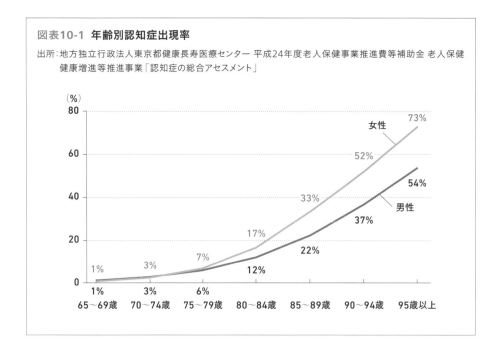

図表10-1　年齢別認知症出現率

出所：地方独立行政法人東京都健康長寿医療センター 平成24年度老人保健事業推進費等補助金 老人保健
　　　健康増進等推進事業「認知症の総合アセスメント」

（グラフ内の値）
女性：1%、3%、7%、17%、33%、52%、73%
男性：1%、3%、6%、12%、22%、37%、54%

65〜69歳　70〜74歳　75〜79歳　80〜84歳　85〜89歳　90〜94歳　95歳以上

ンや死後手続の希望などを、ご本人が決めたり、ご家族と話し合うことは難しくなります。

認知症の発症リスクにそなえて

　認知症であると認められた場合と、売買契約が無効、資金の引き出し等の取引が停止、遺言作成など相続対策を行えない等の制限がかかります。施設への入居をしたいときや家を売りたいときに、ご自身だけでは契約ができない可能性がでてきます。年齢と共に認知症の発症リスクが高くなるため、元気で早いうちにそなえを始める必要があります。

　以下をご参考に対策をしてみてはいかがでしょうか。

（1）所有財産をどうするかの考えを決めておく

　認知症を発症し、所有財産の管理ができなくなったことを考え、事前のそなえが重要です。生活費や入院費、自宅など考えるべきことは多岐にわたりますが、「ご家族に迷惑がかからないようにする」ことを基準に考えてみましょう。まずはご自身の所有財産を明確にし、「このお金は生活費用」、「このお金は入院費用」のように、お金の色分けをしておくと安心です。

　認知症リスクにそなえる信託商品を活用する方法もあります。例えば、三井

住友信託銀行の「人生100年応援信託〈100年パスポート〉」。生活費や医療費、介護費などの支払いをご家族に任せることのできる機能や、認知症発症後も契約者の年金資金を有効に使える機能などが含まれています。元気なうちに、こういった商品を検討するのもよいでしょう。

　ご自身の所有財産を明確にしたところで、「のこし方」（相続に関する希望）を明確にしておくのもよいでしょう。いざ遺言を作成しようと思っても、認知症の病状が進んでしまうと、遺言能力が無いと判定されて作成できないというケースも出てきます。遺言の作成を検討される場合は、元気なうちに法的に有効な遺言書の作成手続きを済ませることが重要です。

(2) 生活・医療・介護に対する希望を決めておく

　認知症の症状が進むと、老人ホーム等の施設への入居が必要になる可能性があります。どのような施設がよいかはもちろんですが、どのような医療・介護を受けたいのかについて、あらかじめご自身の希望をきちんとご家族に伝え、書き残しておきましょう。希望が事前にわかっていれば、介護をするご家族の負担も軽減されます。

　将来、ご自身や奥さまの判断能力が不十分になった際の介護契約、治療や入院の手続きなどの療養看護に関する契約など、身上保護を任せるため、ご家族と「成年後見制度」を利用するのも選択肢の一つです。

　「成年後見制度」には、「任意後見制度」と「法定後見制度」の2つがありますが、「任意後見制度」は、本人が元気なうちに、あらかじめ「任意後見人」を選び、ご自身に代わってやってもらいたいことに関して契約を結んでおくことができます。

　その際、報酬も発生しますから、その費用についてもしっかり準備することが大切です。

Q11

入院・介護中はどのくらいの費用が必要ですか？
その他に準備するべきことは何ですか？

A 年齢を重ねると病気になったり、体の自由がきかず生活に支障が発生したりする可能性が高まります。そうなった時に安心して過ごすためには、入院や介護へのそなえが重要です。

統計によると、1度の入院にかかる費用は平均20万8000円、1か月あたりの介護にかかる費用は平均7万8000円となっています。実際にかかる金額はケースによって異なりますが、ご自身でどれくらいかかりそうなのかを想定し準備しておく必要があります。

さらに、財産管理も重要な要素となります。せっかく資金を用意していても入院や介護状態になると、ご自身でお金を手続きができない事もあります。万一の時にも、支払えるようそなえておきましょう。

解説

入院期間は高齢になるほど長期化する傾向。自己負担費用は平均20.8万円。

まずは入院した時にあわてないよう、入院日数や費用を見てみましょう。

厚生労働省の患者調査によると、在院日数の全体平均は29.3日となります。ただし、傷病によって大きく異なり、「血管性及び詳細不明の認知症」や「アルツハイマー病」、「脳血管疾患」は全年齢で長期間になる傾向があります。また、年齢も在院期間に影響し、高齢になるほど長期化する可能性が高くなります。

次に、入院にかかる自己負担費用を確認します。生命保険文化センターの調査によると、食事代や差額ベッド代も含めた自己負担費用は、1度の入院につき平均20万8000円となっています。高齢期は入院期間が長期化しやすく、

入退院を繰り返す場合もあるため、20 〜 30 万円の費用が複数回必要となる可能性も、考慮しておく必要があるでしょう。

図表11-1　年齢別で見る各傷病の平均在院日数（抜粋）

出所：厚生労働省「患者調査」／平成29年より抜粋

主な傷病	総数（平均）	35〜64 歳	65 歳以上	75 歳以上
全体平均	29.3 日	21.9 日	37.6 日	43.6 日
糖尿病	33.3 日	16.3 日	45.4 日	62.1 日
血管性及び詳細不明の認知症	349.2 日	284.1 日	349.8 日	340 日
アルツハイマー病	252.1 日	143 日	254.9 日	257.1 日
高血圧性疾患	33.7 日	15.3 日	39.5 日	47.8 日
心疾患	19.3 日	9 日	22.2 日	28.8 日
脳血管疾患	78.2 日	45.6 日	86.7 日	98.9 日

※2017年9月1日〜30日に退院した者を対象としたもの。※総数には、年齢不詳を含む。※心疾患は高血圧性のものを除く。

図表11-2　直近の入院時の自己負担費用

出所：生命保険文化センター「生活保障に関する調査／令和元年度」

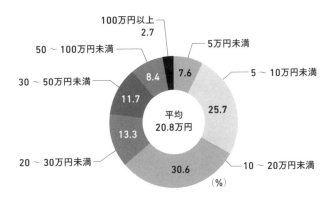

注1：過去5年間に入院し、自己負担を支払った人をベースに集計。
注2：高額療養費制度を利用した場合は利用後の金額。
注3：治療費・食事代・差額ベッド代に加え、交通費（見舞いに来る家族の交通費も含む）や衣類、日用品費などを含む。

「要介護度」に応じて介護保険サービスを受けられる

次は、介護について見てみましょう。日常生活を送るにあたって、どの程度の介護（介助）を必要とするかを示す指標と言えるのが「要介護度」です。(1) 立ち上がりや歩行が不安定で日常生活の一部に手助けが必要な場合（要支援状態）、(2) 食事や排泄、入浴、歩行など日常生活に介助や介護を必要とする場合（要介護状態）があり、「自立」「要支援1〜2」「要介護1〜5」の8段階に分かれます。介護保険制度では「要介護度」に応じて、訪問介護や介護サービス、車いすやベッドなどのレンタルといった介護保険サービスを、一定金額まで、所得に応じて1〜3割負担で利用することができます。

一時的な介護費用は平均69万円。1か月あたりの介護費用は7万8000円

生活保険文化センターの調査によると、介護のための手すりなど住宅改修などにかかる一時的な費用が平均69万円となっています。介護保険を利用すれば、このうち自己負担は原則1〜3割となります。それ以外に毎月の介護利用料として平均7万8000円。介護をはじめてからの期間は平均4年7か月な

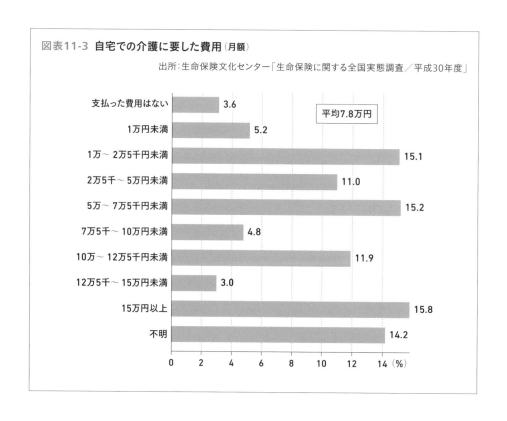

図表11-3 **自宅での介護に要した費用**（月額）

出所：生命保険文化センター「生命保険に関する全国実態調査／平成30年度」

費用	割合(%)
支払った費用はない	3.6
1万円未満	5.2
1万〜2万5千円未満	15.1
2万5千〜5万円未満	11.0
5万〜7万5千円未満	15.2
7万5千〜10万円未満	4.8
10万〜12万5千円未満	11.9
12万5千〜15万円未満	3.0
15万円以上	15.8
不明	14.2

平均7.8万円

ので、単純に掛け合わせ住宅改修など一時金の1割負担を加えると約430万円となります。

ただし、介護費用は人によって大きく異なるので、あくまでも参考されるとよいでしょう。

例えば、老人ホームに入居する場合と、在宅介護でヘルパーだけを利用する場合では違ってきます。在宅の場合の平均は約4万6000円ですが、施設に入居する場合は家賃も含め平均約11万8000円となっています。さらに、同じ通所介護であっても、要介護1の場合は1日645円ですが、要介護5なら1124円（1割負担の場合）となるなど、「要介護度」別にサービス費用は異なります（施設により異なる）。

もしもの時に頼れる人が近くにいない場合、施設への入居も視野に

近年は、ご家族が遠方に住んでいる、頼れる親族はいない、など身近な方に介護をお願いできないケースがあります。また、家族に迷惑をかけたくない、と考える方もいらっしゃるでしょう。そういった場合は、特別養護老人ホーム（特養）や有料老人ホームへの入居も選択肢となります。

特別養護老人ホームは、寝たきり状態などで常時介護が必要な人を対象とした公的な介護施設です。比較的軽い費用負担で長期の入所が可能ですが、入居希望者が多く、多くの施設では空室が出にくい状態です。

有料老人ホームは自立〜要支援の方を対象とした「健康型」「住宅型」と、要支援〜要介護の方を対象に介護サービスを提供する「介護付き」があります。施設の立地やグレード、サービス内容などに応じて入居費用が大きく異なっています。これらの施設に入居するためには、入居時の一時金（初期費用）と、月々の利用料も必要になるため、あらかじめ用意しておくことが重要です。

入院・介護のそなえとしてお金の準備と、管理や支払いの備えが大切

一般的に、老後の医療・介護費用に充てる資金として、500万〜600万円が目安と言われています。しかし、施設に入居する場合は、さらなる資金が必要です。先ほど見たように、自身が受ける医療・介護サービスによって必要な金額は異なるので、ご自身の希望どおりに高齢期を過ごすためには、元気なうちに将来のプランを考えておく必要があります。できれば施設を実際に見学するなどして、しっかり準備をしておくことが大切です。

入院・介護のそなえとしてもう一つ考えておきたいのが、資金の管理です。せっかく資金を準備しても、入院や介護状態によって、ご自身で金融機関の手続きをすることが困難な場合もあります。もしものときに資金管理を誰にどのようにお願いするか、あらかじめそなえておくことも重要です。

　例えば、認知症によって判断能力が低下した人を法的に保護するための制度として『成年後見制度』があり、『法定後見』と『任意後見』の2種類があります。「法定後見」はご本人の判断能力が不十分になってときにご家族などが申し立て、家庭裁判所によって選任された後見人が財産管理や法律行為などを支援するものです。これに対し、判断能力が十分あるうちにご自身で選んだ方とあらかじめ契約を結んでおき、判断能力が不十分になった時に援助してもらうのが「任意後見」です。

　また、金融機関によっては資金管理をサポートするサービスの提供をしているところもあります。例えば、三井住友信託銀行には、万一にそなえて、生活費や医療費・介護費などの支払い代理人を指定したり、認知症発症後も契約者の公的年金を有効に利用することが可能な「人生100年応援信託〈100年パスポートプラス〉」といったサービスがあります (Q-6 ご参照)。

　ご自身にあった制度をあらかじめ準備しておくことも、ご自身らしい生活を送るためには重要です。

第 4 章

これだけは元気なうちにやっておきたい❷
〜終の棲家・遺品整理〜編

「暗号資産」、「LINE」、「Twitter」など、「デジタル遺産」の相続手続きにおける留意点は何ですか?

> **A** 「デジタル遺産」が相続可能かどうかを把握し、財産的価値のないデジタル遺産については、生前に対応を考えておく必要があります。

解説

「デジタル遺産」とは

「デジタル遺産」または「デジタル遺品」とは、法律上の定義のない用語ですが、一般的に、本人の死後に遺されたデジタルデータを指します。具体的には、スマートフォンやパソコン、タブレット端末などのデジタル機器に保存された写真、動画、ファイルなどのデータや、これらのデジタル機器を通じてアクセスするネットワークのLINE、Twitter、InstagramなどのSNS（ソーシャル・ネットワーキング・サービス）のアカウントなどが挙げられます。

なお、暗号資産の保管については、ネットワークに繋いだまま保管する方法と、ネットワークから切り離したデジタル機器のハードウェアや紙媒体でアドレスや秘密鍵を保管する方法があります。

「デジタル遺産」の区分

「デジタル遺産」は、財産的価値のあるものと、財産的価値のないものに大別されます。

財産的価値のあるものとしては、暗号資産や電子マネー、広告収入を生むアフェリエイトサイトや登録者数の多い投稿サイトのアカウントなどが挙げられます。

財産的価値のあるデジタル遺産：暗号資産、電子マネー、広告収入を生むアフェリエイトサイトや登録者数の多い
　　　　　　　　　　　投稿サイトのアカウント等
財団的価値のないデジタル遺産：上記以外

　財産的価値のないものはこれら以外のものということになりますが、例えば、スマホに保存された写真の中にも財産的価値のある芸術性の高いものが含まれている可能性があり、その境界は曖昧です。とはいえ、著名な政治家や芸能人の日記であれば別ですが、一般個人の日記に財産的価値がないのと同様に、そのようなケースはほとんどないと思われます。

「デジタル遺産」の円滑な相続・死後手続き

財産的価値のある「デジタル遺産」

　財産的価値のあるデジタル遺産については、遺産分割協議の対象となりますが、相続人がデジタル遺産の所在を漏らさず把握することは難しいことから、エンディングノートに書き出しておくか、遺言書に列挙し、相続先を指定しておくことが望ましいでしょう。但し、相続先を指定しても、そもそも当該デジタル遺産が故人の一身に専属したものであった場合は相続の対象外となります。

　サービス提供業者の利用規約には会員の死亡による解約などの一身専属性が明記されたものもありますので、まずは相続させたいと考えるデジタル遺産が相続可能なものであるのかどうかを判別しておく必要があります。なお、一身専属性を明記した利用規約の有効性については、SNS業者と著名ユーザーの相続人との間での紛争も発生しています。

　パソコンのハードディスクに保存されたファイルなどのオフラインのデータの相続については、動産である当該パソコンの形見分けを受けた相続人が中身ごと相続しますが、当該ハードディスクにオフラインの多額の暗号資産が含まれていたことが後になって判明した場合には、遺産分割協議のやり直しが必要となります。このようなことを防ぐためにも、預金や不動産などと比較して本人死後の実態が判明し難いデジタル遺産については、生前のうちに遺言書で相

続先を指定しておくことや、エンディングノートで一覧化しておくことが望ましいでしょう。

財産的価値のない「デジタル遺産」

　LINEやTwitter、Instagramなどの財産的価値のない「デジタル遺産」については、主に以下のような理由から、死後の解約や閉鎖を求めるニーズがあります。

①死後にSNSを乗っ取られて悪用されることを防ぎたい

②自分の死後も情報がSNSに残り続けるのが不気味で嫌だ

③家族に内緒のSNSを運営していたので、見つからないように閉鎖したい

④ハードウェアに誰にも見られたくない保存データがあるので死後に速やかに消去したい

　①と②については、生前のうちにエンディングノートへ利用中のSNSのサービス名称と、解約や閉鎖に必要なID、パスワードを明記し、ご家族などに対応を委ねておきましょう。ただし、エンディングノートは法的な効力のないただのメモ書きと同じなので、ご家族などが本当にアカウントの解約や閉鎖をしてくれるのかは善意任せとなります。確実に閉鎖したいのであれば、生前のうちに自ら閉鎖しておくか、信頼できる第三者と死後事務委任契約を締結しておく必要があります。

　③と④については、そもそもご家族には頼めませんので、生前のうちにご自身で整理しておくか、第三者と死後事務委任契約を締結しましょう。具体的には、SNSであれば、上記と同様の対応になります。パソコンなどのハードウェアの保存データの消去については、死後事務委任先へ当該ハードウェアのアクセスコードやパスコードを伝えることに加えて、消去が不可能な場合の物理的な破壊も頼んでおくとより安心と思われます。

人生の最期を自宅で迎えたい場合、知っておいたほうがよい制度はありますか?

A 地域包括ケアシステムがあります。

解説

地域包括ケアシステム

　年齢を重ねても、最後まで住み慣れた地域で個人として尊重され、安全・安心・健康が確保された自立した暮らしを続けて行きたいものです。地域包括ケアシステムとは、そのような希望に向けて、一人ひとりの健康の状況や生活の実態に応じた「住まい」・「医療・介護」・「介護予防」・「生活支援」のサービスを一体的に切れ目なく受けることができるように、地域の支え合いのなかで提

図表13-1	出所:三井住友信託銀行作成

- **住まい**：高齢者の住まいを確保するためのサービスが該当します。
  賃貸住宅入居時の保証人を確保するといった手続き関係の支援も含まれます。
- **医療**：地域の連携病院、かかりつけ医、急性期病院など、医療・看護に関するサービスが該当します。
- **介護**：在宅介護サービス・施設介護サービスといった介護に関するサービスが該当します。
- **介護予防**：健康的な生活を維持するための介護予防などが該当します。
- **生活支援**：高齢者の健康的な暮らしをサポートするための福祉サービスが該当します。
  具体的には、ボランティアや自治体主体でふれあいサロンの企画・運営や、配食サービスなどが行われています。

地域とは、おおむね30分以内に駆けつけられる日常生活圏域（具体的には中学校区）を単位として想定されています。

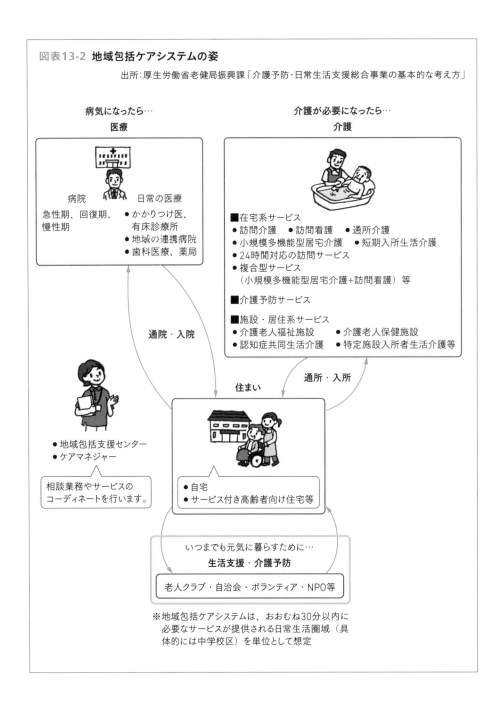

図表13-2 地域包括ケアシステムの姿

出所：厚生労働省老健局振興課「介護予防・日常生活支援総合事業の基本的な考え方」

病気になったら…
医療

病院 | 日常の医療
急性期、回復期、慢性期
● かかりつけ医、有床診療所
● 地域の連携病院
● 歯科医療、薬局

介護が必要になったら…
介護

■在宅系サービス
● 訪問介護　● 訪問看護　● 通所介護
● 小規模多機能型居宅介護　● 短期入所生活介護
● 24時間対応の訪問サービス
● 複合型サービス
　（小規模多機能型居宅介護＋訪問看護）等

■介護予防サービス

■施設・居住系サービス
● 介護老人福祉施設　　● 介護老人保健施設
● 認知症共同生活介護　● 特定施設入所者生活介護等

通院・入院

通所・入所

住まい

● 地域包括支援センター
● ケアマネジャー

相談業務やサービスの
コーディネートを行います。

● 自宅
● サービス付き高齢者向け住宅等

いつまでも元気に暮らすために…
生活支援・介護予防

老人クラブ・自治会・ボランティア・NPO等

※地域包括ケアシステムは、おおむね30分以内に
必要なサービスが提供される日常生活圏域（具
体的には中学校区）を単位として想定

供していく仕組みです。

　本人・家族やボランティア、各種サービスの提供者などは、地域包括ケアシ
ステムにおいて「自助・互助・共助・公助」の組み合わせのなかで、その役割
を分担して担います。

図表13-3　地域包括ケアについて

出所：平成28年3月　地域包括ケア研究会報告「地域包括ケアシステムと地域マネジメント」

- この植木鉢図は、地域包括ケアシステムの5つの構成要素（住まい・医療・介護・予防・生活支援）が相互に関係しながら、一体的に提供される姿として図示したものです。
- 本人の選択が最も重視されるべきであり、本人・家族がどのように心構えを持つかという地域生活を継続する基礎を皿と捉え、生活の基盤となる「住まい」を植木鉢、その中に満たされた土を「介護予防・生活支援」、専門的なサービスである「医療・看護」「介護・リハビリテーション」「保健・福祉」を葉として描いています。
- 介護予防と生活支援は、地域の多様な主体によって支援され、養分をたっぷりと蓄えた土となり、葉として描かれた専門職が効果的に関わり、尊厳ある自分らしい暮らしの実現を支援しています。

介護・リハビリテーション

医療・看護　　保険・福祉

介護予防・生活支援 → すまいとすまい方

本人の選択と本人・家族の心構え

図表13-4　地域包括ケアシステムを支える「自助・互助・共助・公助」

出所：地域包括ケア研究会「地域包括ケアシステムの構築における今後の検討のための論点」（2013年3月）

- 自分のことを自分でする
- 自らの健康管理（セルフケア）
- 市場サービスの購入

- 当事者団体による取組
- 有償ボランティア

自助　**互助**

- ボランティア活動
- 住民組織の活動

- ボランティア・住民組織の活動への公的支援

共助　**公助**

- 介護保険に代表される社会保険制度及びサービス

- 一般財源による高齢者福祉事業等
- 生活保護

- **自助**：自分の生活や健康管理を自分で支えることです。市場サービスの購入によって自らの生活を支える等も含まれます。
- **互助**：家族や地域の支え合いなどです。生活空間のなかで支え合う地域の機能です。ボランティア活動、住民組織の活動、当事者団体による取り組みなどです。
- **共助**：介護保険や医療保険に代表される社会保険制度を通じた支え合いの仕組みです。
- **公助**：公費を財源とした高齢者福祉事業などのことです。生活保護。ボランティア・住民組織の活動への公的支援などです。

　団塊の世代が 75 歳以上となる 2025 年（令和 7 年）以降は、国民の医療や介護の需要がさらに増加することが見込まれています。そのため国は 2025 年（令和 7 年）を目途に地域包括ケアシステムの構築を推進しています。

地域包括支援センター

　地域包括ケアの提供には、地域住民のニーズに応じて医療・介護・福祉等のサービスを適切にコーディネートして供給される必要がありますが、その役割を担う中核機関として地域包括支援センターが設置されています。

　地域包括支援センターは、市町村が設置主体となり、保健師・社会福祉士・主任介護支援専門員（主任ケアマネージャー）などを配置して、「地域住民の心身の健康の保持および生活の安定のために必要な援助を行うことにより、その保健医療の向上および福祉の増進を包括的に支援することを目的とする施設（介護保険法第 115 条の 46 第 1 項）」とされています。

　市町村が直営で実施するほか、市町村が社会福祉法人や社会福祉協議会、医療法人などに委託して運営されています。

　業務内容は、包括的支援事業（総合相談支援業務、権利擁護業務、包括的・継続的ケアマネジメント支援業務）および第一号介護予防支援事業（介護予防ケアマネジメント）となります。

- **総合相談支援業務**：初期段階での相談対応および継続的・専門的な相談支援、その実施に当たって必要となるネットワークの構築、地域の高齢者の状況の実態の把握を行うものです。
- **権利擁護業務**：成年後見制度の活用促進、老人福祉施設等への措置の支援、高齢者虐待への対応、困難事例への対応、消費者被害の防止に関する諸制度を活用し、高齢者の生活の維持を図るものです。

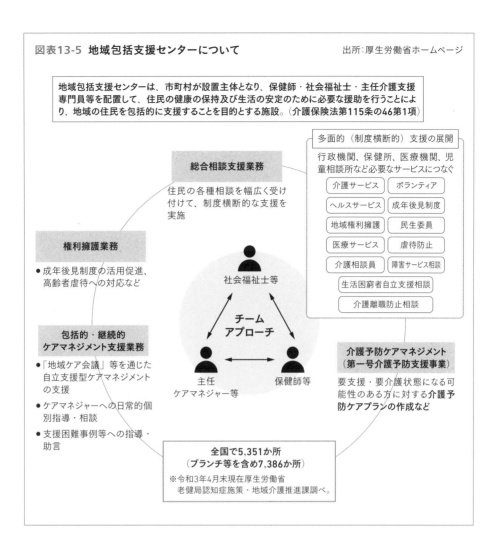

図表13-5 地域包括支援センターについて　　　　　　　　出所:厚生労働省ホームページ

地域包括支援センターは、市町村が設置主体となり、保健師・社会福祉士・主任介護支援専門員等を配置して、住民の健康の保持及び生活の安定のために必要な援助を行うことにより、地域の住民を包括的に支援することを目的とする施設。（介護保険法第115条の46第1項）

多面的（制度横断的）支援の展開
行政機関、保健所、医療機関、児童相談所など必要なサービスにつなぐ

介護サービス　ボランティア
ヘルスサービス　成年後見制度
地域権利擁護　民生委員
医療サービス　虐待防止
介護相談員　障害サービス相談
生活困窮者自立支援相談
介護離職防止相談

総合相談支援業務
住民の各種相談を幅広く受け付けて、制度横断的な支援を実施

権利擁護業務
●成年後見制度の活用促進、高齢者虐待への対応など

包括的・継続的ケアマネジメント支援業務
●「地域ケア会議」等を通じた自立支援型ケアマネジメントの支援
●ケアマネジャーへの日常的個別指導・相談
●支援困難事例等への指導・助言

社会福祉士等

チームアプローチ

主任ケアマネジャー等　　保健師等

介護予防ケアマネジメント（第一号介護予防支援事業）
要支援・要介護状態になる可能性のある方に対する介護予防ケアプランの作成など

全国で5,351か所
（ブランチ等を含め7,386か所）
※令和3年4月末現在厚生労働省　老健局認知症施策・地域介護推進課調べ。

- **包括的・継続的ケアマネジメント支援業務**:「地域ケア会議※」等を通じた自立支援に資するケアマネジメントの支援、包括的・継続的なケア体制の構築、地域における介護支援専門員（ケアマネージャー）のネットワークの構築・活用、介護支援専門員（ケアマネージャー）に対する日常的個別指導・相談、地域の介護支援専門員（ケアマネージャー）が抱える支援困難事例等への指導・助言を行うものです。
- **第一号介護予防支援事業**:介護予防および日常生活支援を目的として、その心身の状況、置かれている環境その他の状況に応じて、その選択に基づき、訪問型サービス（第1号訪問事業）、通所型サービス（第1号通所事業）、その他、生活支援サービス（第1号生活支援事業）等、適切なサービスが包括的かつ効果的に提供されるよう必要な援助を行うものです。

　　　援など個別ケースの支援内容を検討するとともに、そのことを通じて、地域で活動す
　　　る介護支援専門員（ケアマネージャー）の自立支援に資するケアマネジメントの支援や
　　　地域包括ネットワークの構築、地域課題の把握、地域に必要な資源開発や地域づく
　　　り、さらには介護保険事業計画への反映などの政策形成につなげることを目指して、
　　　地域包括支援センターや市町村が協力して開催する会議。

生活支援コーディネーターと協議体

　日常生活圏域レベルでの地域づくりにおいては、地域包括支援センターだけ
では十分な実施が困難な住民主体の取り組みを支援するために、生活支援コー
ディネーターや協議体といった仕組みも導入されています。地域のなかには行
政では把握しきれないような自助や互助の活動が多数あります。生活支援コー
ディネーターは、行政職員の枠を超えて地域に入り込み、そのような活動を民
間企業などの地域資源とも結びつけて、住民主体の取り組みを支援する役割を
担っています。

　市町村が主体となり、各地域における生活支援コーディネーターと生活支
援・介護予防サービスの提供者などが参加する情報共有および連携強化の中核
となるネットワークを協議体といいます。

Q 14

あなたは「自宅派?」「老人ホーム派?」
終の住まいの選び方とは?

A 人生の大事なステージを安心・安全に過ごすためには、「ご自身がどこに住み、どのような準備をしておけばよいか」を元気なうちから考えておくことが大切です。最近はご自宅や医療機関の他、さまざまなシニア向け施設が登場し、選択肢が広がっています。今回はご自身にあった住まいについて考えます。

解説

自宅派は56%、施設派は45%!

　人生の最期をどこで迎えるか。「終活」をするうえで住まいもとても大切なポイントです。まずはシニア世代が住まいをどのように考えているのか、全国60歳以上の男女を対象に、内閣府が行った「高齢者の住宅と生活環境に関する調査」から見てみましょう。

　「身体が弱体化した時に住みたい住宅」について、現在の住宅を「改修などはせずそのまま住み続けたい」方と、「改修し住みやすくする」方を合わせると56.1%となり、半数以上の方が自宅に住み続けたいと回答しています。

　一方、「特別養護老人ホーム」「サービス付き高齢者向け住宅」「有料老人ホーム」といった施設への入居を希望する方は45%となっています。人生の大事なステージは、住み慣れた自宅で過ごすことを希望される方が多いですが、家族に迷惑をかけたくない、安心して生活したいなど施設へ入居を検討する方も半数近くいる、という結果になりました。

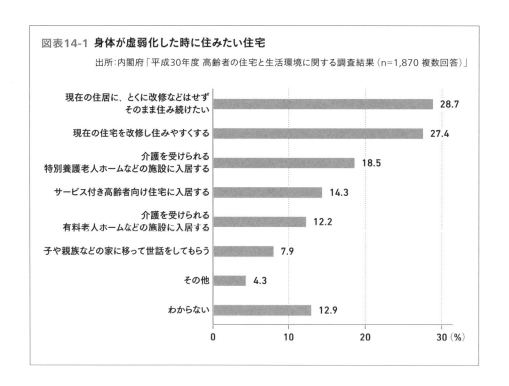

図表14-1 **身体が虚弱化した時に住みたい住宅**

出所:内閣府「平成30年度 高齢者の住宅と生活環境に関する調査結果（n=1,870 複数回答）」

項目	%
現在の住居に、とくに改修などはせずそのまま住み続けたい	28.7
現在の住宅を改修し住みやすくする	27.4
介護を受けられる特別養護老人ホームなどの施設に入居する	18.5
サービス付き高齢者向け住宅に入居する	14.3
介護を受けられる有料老人ホームなどの施設に入居する	12.2
子や親族などの家に移って世話をしてもらう	7.9
その他	4.3
わからない	12.9

高齢になっても住み慣れた家に安全に住み続けるためには？

自宅に住み続けるためには、どのようなそなえが必要なのでしょうか。

例えば、あなたの自宅には階段や段差がありつまずきやすい、断熱材がしっかり設置されておらず寒暖差が大きいなどのケースはないでしょうか。また、浴室やトイレ、廊下がせまく車いすが通れないということは無いでしょうか。

高齢になると視力や体力が低下し、以前は気に留めなかった段差や寒暖差によって健康を損なうおそれもあります。また、介護が必要になった際にサポートを受けにくい可能性もあります。安全で快適に過ごし続けるためには、転倒を防ぎ各部屋の温度差をなくすなどの対策を、あらかじめしておくことが大切です。

暖かい住まいへのリフォーム

WHO（世界保健機関）の「住まいと健康のガイドライン（2018年）」によると、冬の間の住まいの室温が18℃以上とすることが重要であり、断熱工事や夏の室内熱中症対策などが求められています。特に、冬の間の室温について強く勧告しており、シニア世代はより暖かくすることを求めています。しかし、日本

の住宅は室温の低い住宅※が多いのが現状です。

　暖かい住まいへのリフォームのポイントは、各部屋の一定の室温を確保することと、部屋内の温度を均一にし、リビングや寝室、廊下、脱衣室、浴室などそれぞれの温度差を小さくすることです。

　住宅内での死亡原因のうち、最多を占める入浴中の事故の原因の一つは、寒暖差に伴う血圧の乱高下によって心筋梗塞などを起こす、いわゆるヒートショックですが、各部屋間の温度差を縮小することによって防ぐことができます。

　また、夏には高気密・高断熱住宅は涼しい住まいとなり、熱中症の防止にも効果的です。

　住まいを高気密・断熱化することは、住宅内の重大な事故のリスクを低下させるだけでなく、自立して生き生きと暮らす健康寿命を延ばすことにもつながります。

※国土交通省の調査結果によると、日本の住宅の各部屋の平均温度は以下のとおりです。居間では約60%、寝室・脱衣室では約90%が18℃未満（平均年齢57歳の住居2,190戸を対象）。居間：16.8℃、寝室：12.8℃、脱衣室：13.0℃

安全性、暮らしやすさを高めるリフォーム ～バリアフリー・リフォーム

　住まいでの事故原因として最も多いのは、「居室での転倒」です。高齢期になると、転倒により骨折など重傷を負い、それをきっかけに要介護状態となることも多いため、段差の解消や手すりの設置などのバリアフリー・リフォームにより、住まいの安全性を高めることが求められます。あわせて、車いすでも入れるようにトイレや廊下を広くするなど、間取りや動線に配慮することも有効です。

施設派は住まいのバリュエーションを知っておこう

　在宅での介護が困難な場合や、介護度が進んでプロのケアが必要になった時は、介護や見守りサービスを受けられる施設や高齢者住宅への入居も視野に、検討する必要があります。こうした施設には機能や特徴によってさまざまな種類があり、費用も月額数万円で入居できるところから、入居一時金が数千万円の施設など幅があります。理想と予算をふまえて選ぶようにしましょう。

1.サービス付き高齢者向け住宅

高齢者が住みやすいバリアフリーに対応した賃貸住宅で、生活相談や安否確認サービスがあります。介護サービスを提供する「介護型」と、必要に応じて外部の介護サービスを利用する「一般型」があり、主に介護度が自立から軽度の人が入居できます。

費用は、入居時（0〜数十万円程度）と月額（10〜30万円程度）が一般的です。

2.有料老人ホーム

入居者の対象によって3つに大別されます。介護の必要がない「健康型」、外部の介護サービスを契約して利用する「住宅型」、ホームが介護サービスを提供する「介護型」です。施設によって介護サービスの内容や入退去の条件が異なる他、費用も入居時に0円〜数千万円となるなど幅が広いため、希望のサービス内容と予算をしっかりと確認しておくことが重要です。

3.グループホーム

認知症の高齢者を対象にした、共同生活の場として提供される施設です。入居者はスタッフのサポートを受けつつ、家事などの役割を担い地域社会の中で生活をすることで、効果的な認知症ケアを行うことを目的としています。

4.特別養護老人ホーム

寝たきり状態などで常時介護が必要な高齢者を対象とした、公的な介護施設です。入居時の費用はかからず、月額の費用も数万円から十数万円と抑えながら、長期間入居することが可能です。しかし、入居希望者多く、入所までに数年待たなくてはならない施設もあります。

施設選びのポイント

「介護施設」には多数の種類があり、設備・サービスや利用料金にも大きな幅があります。

そのため、事前に見学するなどして情報収集をし、予算を考慮しながら検討する必要があります。例えば、スタッフの対応や入居者の暮らしぶり、食事の内容などを参考にするとよいでしょう。

ご自宅と施設、どちらの場合でも、生活スタイルや支えてくれるご家族、予算などを早いうちからしっかりとプランを練っておくことで、安心して暮らすことができます。後伸ばしにせず、元気なうちから準備をすることが重要です。

- **誰にどう頼む?おひとりさまの死後手続き**

　充実した毎日を過ごしていても、例えば少し体調を崩したとき、ふと「今、わたしに万一のことがあったらどうなるのだろう」と考えることはありませんか?　そんな体調や環境の変化をきっかけに、"いつか"にそなえた「終活」を始める方が増えています。

- **死後手続きの主な内容**

　一言で「終活」といっても、さて、何から始めたらよいのでしょう?

　まずは「お金」のこと?　「家の片付け」「お葬式やお墓」「さまざまな手続き」のこと?

　ここでは、片付けやお葬式・お墓、ご自身が不在になったあとの手続きにはどんなものがあるのか、そしてそれを誰にどう頼むことができるのか、見ていきたいと思います。

　「片付け」をいざ始めようと思っても、思い入れのあるものや今捨てる決断ができないものが出てきて手が止まってしまう、そんな経験はどなたにもあると思います。

　「終活」における片付けは、いわゆる不用品の片付けと割り切らず「大切なものをきちんとのこす」を考え方の基軸に置くことが大切です。まずは、今使っていないものを不用品として手放したら、次の5点をポイントに「のこす」ものを整理していきましょう(図表コラム③-1)。

| 図表コラム③-1 | 出所:三井住友信託銀行作成 |

大切なものの分野	内容
重要書類	役所等から届く年金・税金・健康保険などに関する郵便物、実印などをまとめておく
形見分け	大切なものを誰に残したいかを考えて、具体的にリスト化しておく
家財	ご自身の身の回りのものについて、ご自身が不在になった後どうしてほしいかを考えてリスト化しておく
パソコンやスマホのデータ	ご自身が不在になった後、何もしなければ放置され悪用される危険を考え、IDやパスワードをまとめておく
ペット	ご自身が突然不在になった場合にそなえて、大切な家族であるペットの託し先を考えておく

身の回りの片付けのイメージができてきたら、次は少しご自身の心と静かに向き合い、ご自身の最期について考えてみましょう。

　もしもご自身に万一のことがおきたとしたら、いちばん最初に誰に伝えて欲しいですか？　そしてどんな儀式で見送って欲しいですか？　どう埋葬してもらいたいと考えていますか？

　手始めに、訃報を伝えて欲しい相手の一覧を作ってみましょう。ご親族やご友人を思い浮かべ、お葬式に出席して欲しいか、少し落ち着いたころにお知らせするかもイメージできるとよいですね。

　さらに、お葬式やお墓は形式や規模が多様化している今だからこそ、ご自身の想いをもって葬儀会社の生前準備を利用して考えてみるのもひとつかもしれません。

- 「お葬式」：式をしない“直葬”という考え方や、身近な人だけで行う“家族葬”など、これまでの慣習にとらわれない選択をされる方も増えています。
- 「お墓」　：お墓を建てない“自然葬（樹木葬や海洋散骨など）”や、お墓の継承者がいらない“永代供養”、室内墓である納骨堂などの選択肢もあります。

　ここで注意したいのは、ご自身の死後のことなど考えたくない、という時に無理をしてはいけないということです。そのような時は焦らずに、心穏やかな時、ふと想いが及ぶ時を待ちましょう。

　次はもう一歩進んで、ご自身が不在になったあとに必要な手続き（「死後事務」といいます）を具体的に考えてみましょう。

　まずは、以下の主な手続きから、整理しておく書類を確認してみましょう（図表コラム③-2）。

図表コラム③-2　　　　　　　　　　　　　　　　出所：三井住友信託銀行作成

手続き	書類
税金	納税通知類、確定申告に必要な資料費用の領収書など
公共料金	電気・ガス・水道・通信料などの明細
健康保険	健康保険証や介護保険証
年金	年金手帳、通知書・申告書など

「死後事務」はのこされた方が本人不在の中で行わなければならず、書類が揃わなかったり、のこされた方が判断に迷ったりすると、法律で定められた期限内に手続きができず大変な負担となるものです。

　まずは、ご自身で「死後事務」を知り、必要な書類を整理し、保管場所を明らかにしておく、そしてその託し先を決めておくことが大切です。

●「終活」は時間も気力も必要。ひとりで気負わず相談できる相手と一緒に！

　これからの人生を安心して過ごすために始めた「終活」が、ご自身への負担となってしまっては意味がありません。ひとりで気負わず、相談できる相手と一緒に始められることをおすすめいたします。

　例えば、三井住友信託銀行が提供している「おひとりさま信託」は、お客さまご自身の想いに添った「終活」を丸ごとサポート、死後事務の実現まで安心して任せることができるサービスです。

　その概要は、以下のとおりとなっています。

　委任者（あなた）が第三者に対し、「死後事務」（関係者への訃報連絡、葬儀・納骨・埋葬に関する事務、住居内の遺品整理、退院・退所手続き、亡くなった後の諸手続きなど）を依頼するためには、生前に代理権を付与して、死後事務を委任する契約（死後事務委任契約）を締結しておく必要があります。

　「おひとりさま信託」は、死後事務の履行を依頼できる「一般社団法人安心サポート」（三井住友信託銀行および三井住友トラスト・ホールディングスにより、「高齢者に関連する福祉の増進に寄与すること」を目的として設立された一般社団法人）をご紹介し、「未来の縁-ing（エンディング）ノート」に記載されたあなたの想いを実現するサービスです（図表コラム③-3）。

　いかがでしたか？

　あなたの未来を充実させるために、今できるそなえの一歩として、「おひとりさま信託」を検討されることは、とても有用なことと思われます。

第 5 章

「終活」で整理すべき
「お金」・「保険」・「不動産」編

Q 15

「終活」で「お金」は
整理しておくべきですか?

> **A** 「終活」において「お金」は整理しておくべきです。

解説

なぜ、お金の整理が必要なのでしょうか?

　「終活」において、お金の整理をする目的は大きく分けて2つあります。1つは、ご自身のため。高齢期になり、思うように体が動かせなくなったときや、判断能力が衰えたときに、財産をしっかりと使えるようにしておくために、お金の整理を行います。

　そしてもう1つは、万一のときにのこされたご家族などのためです。

　例えば、ご自身ならカンタンにわかる、取引している銀行や証券会社、保険会社などのことでも、死後にのこされた方にとっては容易にわかることではありません。のこされた方に、どのような資産があるのかわかるように、お金のことだけでなく、不動産などさまざまな資産のことがわかるようなリストを作成しておくことをおすすめします。特に、住宅ローンなどの借入金（マイナスの資産）を書くことを忘れないようにしておくことは大切です。

　また、資産のリストを作成するにあたっては、市販の「エンディングノート」でも、紙でも、エクセルシートでもかまいません。ただ、作成したものが死後に見つけてもらえないと意味がありませんので、信頼できる方にそれがどこにあるかは伝えておくことがとても大切なこととなります。

複数の口座保有は避けるべき？

　エンディングノートなどに資産のことを書いていると、思った以上に、複数の金融機関と取引していることがわかったといった話をよく耳にします。それぞれの金融機関と取引した理由や思い入れはあるかと思いますが、のこされた方の負担を減らす、また高齢期のご自身の資金管理の負担を減らすといった観点では、整理することをおススメします。

　代表的な口座の使用目的は以下のようなものがあります。

決裁用口座	現金の引き出しや、クレジットカードの引き落としのための口座
資産運用・貯金用口座	投資信託などの運用や、定期預金の預け入れのための口座

　この表のような使用目的に沿って、口座を整理しておきましょう。

　ここでは、口座整理の話をしましたが、お金の整理では、クレジットカードの整理など、他にも整理しておくとよいことがあります。ただし、これらのことを一度に行うのは大変です。まずは、近い将来必要と思える整理から、1つひとつ行ってください。また、金融機関によっては、のこされた方の負担を減らすようなサービスを提供しているところもありますので、焦らず、ゆっくりとお金の終活を始めることをおすすめします。

保険についても整理が必要？

　万一の際のそなえとして、医療保険や生命保険に加入している方も多いと思います。保険はいざというときに役に立ちますが、一度見直してみるのもよいでしょう。

　医療保険や生命保険には、一定期間内の保障する定期保険と、保障が一生涯続く終身保険があります。また、保険料の支払い方法も、一定の年齢や期間で保険料の支払いが終わる有期払いや、保険期間中に支払いが続く全期払いなど、色々な種類があります。まずは、現在加入している保険の保障内容をしっかりと理解し、本当に必要かどうかの検討や、不足している部分を追加したりしながら現在の生活・希望と合ったものとしていきましょう。死亡保険金の受け取りには相続税の非課税枠が設けられている等、注意すべき点がありますので、心配があれば専門家に相談することも一つです。保険の整理が終わったら、「エンディングノート」などに保険会社、保険の種類、契約者を記載しておくことをおすすめします。

シニア保険のメリット・デメリットは
それぞれありますか?

A　あります。メリットとデメリットをふまえ、ご自身に合ったものを検
　　討しましょう。

解説

　ご高齢の方から、「今からでも保険に入れるでしょうか?」「過去に大きな病
を患ったのですが入れる保険はありますか?」「定期保険の保険期間が満了に
なった。今後のことはまだ決めていない」「医療保険に入っていなかったけれ
どこれから病気が心配」「今加入している保険で大丈夫なのかよくわからない」
「これからの人生に保険は必要なのか?」といった保険に関するご相談を受け
ることがよくあります。

　保険とは「めったに起こらないけれど、それが起こった場合に経済的な損失
が大きいリスクにそなえて保障を買う」という行為で、保険に加入するという
想いは大切ですが、加入を焦らないことも大切です。ここでは、高齢期の保険
選びのポイントを一緒に考えてみましょう。

保険に入ることを前提に考えない

　個人差のなかで、安く感じる保険はあるかもしれませんが、若いときに比
べ、高齢期で加入できる保険は保険料が割高か、保障が割安である場合がほと
んどです。

　そのため、安易に保険に入ることを前提に考えないことも大切です。

　では、高齢期の保険ですが、他の方は実際どの程度の保険料を支払っている
のでしょうか。

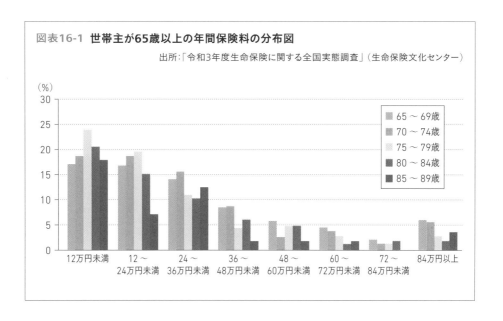

図表16-1 世帯主が65歳以上の年間保険料の分布図

出所:「令和3年度生命保険に関する全国実態調査」(生命保険文化センター)

　生命保険文化センターの「令和3年度 生命保険に関する全国実態調査」によると、世帯主が65歳以上の年間支払い保険料の分布は、図表16-1のようになっています。

ご自身に合った必要な保障とは?

　ご自身に合った必要な保障を考えるには、どんなときのためにお金が必要なのかを把握しておく必要があります。

万一のときの死亡保険

　死亡保険に入る目的は、年齢とともに変わっていきます。一般的に高齢期には、子どもも独立し、教育費や養育費の心配は必要なくなるでしょう。では、どんなときを考慮しておくとよいのでしょうか?

　それは、死亡保険に「誰のために入るのか」「何のために入るのか」を考えるとおのずとみえてきます。例えば、亡くなってすぐだと、お葬式費用やお墓代を、のこされた方が立て替えるケースがありますが、死亡保険で準備をしておくことができます。また、亡くなった後の配偶者の生活を考えるのであれば、世帯で受け取る年金額が少なくなりますので、貯めた預貯金を大きく切り崩したくないという想いがあれば、死亡保険でのこすことも1つの選択方法です。

高齢になってからの医療保険やがん保険

　若いとき、医療保険やがん保険に入る目的は、治療費を補うだけではなく、働けなくなった場合の生活費をカバーする目的もあったと思います。ただ、高齢期には、そういった働けなくなるリスクなどをカバーする必要性は少なくなってくると思われます。

　では、どんなときを考慮しておく必要があるのでしょうか？

　それは、「医療費で将来の生活のための貯蓄が目減りする」「公的医療保険でカバーできない費用が出てきてしまう」といったケースには対応が必要となってきます。なお、日本の公的医療保険制度は充実していますが、公的医療保険の対象にならない費用が必要になることもあります。例えば、「入金時の差額ベッド代」「先進医療の技術代」「治療費以外の入院にかかる費用」などです。

　厚生労働省の患者調査によると、医療機関の受療率は年齢が上がるごとに高まっています。そういったことから高齢期においても、医療保険やがん保険を検討する必要性があるといえそうです。

Q17

「終活」で「所有不動産」はどう取り扱ったら よいのですか？ 〜空き家にしない方策は？〜

A 生前のうちに疑問を解消することがポイントです。

解説

空き家は社会問題

　空き家が社会問題となっているという話はよく耳にしますが、実際、わが国では、どのような状況なのでしょうか。

　そもそも、空き家とは住む人や使う人がいなくなった建物のことです。

　総務省統計局の「平成30年住宅・土地統計調査」によれば、全国の空家数

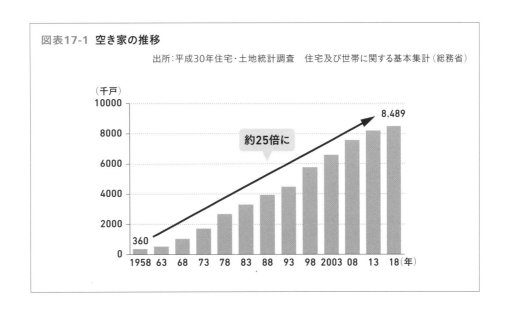

図表17-1　空き家の推移

出所：平成30年住宅・土地統計調査　住宅及び世帯に関する基本集計（総務省）

は増加傾向で、平成 30 年 (2018 年) の時点で 848 万戸に上ります。その内、借り手が見つからずに空室になっている等の賃貸用住宅が半数以上にあたる約 50.7%、買い手がつく前等の売却用住宅が約 3.7%、別荘等の二次的住宅が約 4.4%、住んでいた人が亡くなった等のさまざまな理由で空き家となったその他の住宅が約 41.2% を占めます。

こうして、空き家が増え続けている要因として考えられるのが、家族に対する意識の変化や、地方から大都市圏への人口流出などです。そして、一人暮らしの高齢者が亡くなって、家を継ぐ人がいない (子どもがいても家に戻らない) まま空き家に、といった形などがあります。

空き家が社会問題といわれる理由としては、倒壊のリスク、景観の悪化、治安の悪化などさまざまです。相続した不動産の「相続登記」の義務化が 2024 年 4 月 1 日に施行されるなど、対策は進んでいますが、相続人だけでなく、家を持つ方がこの問題にそなえておくことが大切です。

生前のうちに疑問を解消することがポイント

不動産は、生前のうちに "誰が住むのか"、"誰が活用するのか" を明確にしておくことが大切です。方法は「住む人に承継させる」「誰も活用しないなら売り易いよう、極力誰かに単独承継させる」の 2 つです。

「住む人に承継させる」と聞くと当たり前じゃないかと思う方も多いでしょう。しかし、これが中々できていないケースがあります。お子さまなどの気持ちを確認せず、「喜んでくれるだろう」と家をのこしたが、実際は住むこともなく、放置されるケースなどがあります。次に、単独承継ですが、不動産というのは共有名義など何かと売り辛いものです。"平等に" と安易な気持ちで、相続人に分けてしまうと、結局、その土地は誰も自由に出来ず放置されてしまい空き家となってしまいます。

そのため、この 2 点を考慮しておくことが大切です。ただ、これらをしっかりと考えていても実現することは別になります。想いを実現するには、遺言を作成することも検討しましょう。遺言は、ご自宅だけを対象とした遺言を作成することもできますが、特定の財産だけの遺言を書く場合の懸念点もあるので、心配があれば専門家に相談することも一つです。

なお、身寄りのない方が遺言書をのこさずに亡くなり、相続人が不明なケースでは、空き家を管理するにしても、取り壊すにしても、なかなか話が進まず大変な場合があります。また申請者がいないので空き家バンクに登録することもできません。

そういった方は、ご自身の死後、家をどうしたいか明示しておくことがより大切です。

不動産の活用

　空き家の話ばかりしましたが、不動産は資産の一つですので、上手く有効活用することも考えましょう。老後資金の確保を目的として、不動産売却やリースバック、リバースモーゲージといった選択肢があります。

　「リースバック」とは、ご自宅を売却したうえで、賃貸契約を交わし、家賃を払いながらその後もご自宅に住み続けられるサービスです。

　「リバースモーゲージ」とは、ご自宅を担保に老後資金の融資を受け、その返済は死後にご自宅を売却した際の代金で相殺するというサービスです。

　どちらもまとまった資金が先に手に入りますので、持ち家を有効活用できる方法として注目されています。ご自身の死後、空き家になるのを防ぐ選択肢の一つとして検討してみてはいかがでしょうか。

不動産の管理

　病気や認知症になってしまった時の不動産の管理が心配な場合は、「民事信託（家族信託）」の選択肢があります。

　「民事信託（家族信託）」とは、信託銀行が引き受ける（受託者となる）信託ではなく、ご家族等に金銭や不動産などを信託し、代わりに管理・処分をしてもらうことができます。不動産を受託者（ご家族等）が管理をしますので、委託者であるご自身が病気や認知症などの理由で、管理が難しくなった場合や、亡くなってしまった場合でも、「民事信託（家族信託）」の契約に基づき、不動産は受託者によって管理される事になります。

　また、受益者（信託財産によって生じた利益を受け取る人）を指定できますので、信託財産の管理・運用で収益がある場合には、収益が受益者に渡ります。ご家族を受益者とすることで、ご家族の生活についても安心することができます。

子どもや孫、お世話になった方々へ「信託」を使った
いろいろな「生前贈与」ができると聞きましたが、
どのような種類がありますか?

A 日本の税制では、財産を保有している方が、ほかの方に資産もしくは
資産の一部を「贈る」、「与える」、「引き継ぐ」場合、受け取る側に税
金が課せられます。典型的なものが「相続税」、「贈与税」です。相続
税は、財産の保有者が亡くなった際、相続を受けた方に対して課せら
れる税金ですが、贈る側が存命中に「孫ができたから教育資金を援助
したい」、「子世帯が住宅を購入するから支援したい」等の目的で贈与
するケースを「生前贈与」と呼んでいます。

　生前贈与には、「住宅取得等資金の贈与税の特例」、「教育資金の一括
贈与の特例」、「結婚・子育て資金の一括贈与の特例」など、さまざま
な特例が設けられており、各特例の適用条件に合致する場合は、一定
額までであれば贈与税が非課税になります。

　生前贈与に関する主な「信託」を使った商品・サービスには、暦年贈
与に関する信託、教育資金贈与信託、結婚・子育て支援信託の３つ
（図表18-1）があり、現在、どのサービスも利用者に手数料がかからな
い扱いが一般的となっています。

解説

暦年贈与について

　毎年一定額（目的は自由）を他者に贈りたい場合、贈与税の「暦年課税」を活用
できます。

　贈与税については毎年1月1日から12月31日までの間（暦年）に贈与を受
けた人の財産の合計が、110万円以内であれば非課税です（基礎控除）。基礎控

生前贈与に関する主な信託商品・サービス	贈与の特徴	信託の特徴
暦年贈与サポート信託 暦年贈与信託 暦年贈与型信託	1人の人が暦年に贈与を受けた財産の合計額に課税される。110万円以内であれば非課税。	● 金融機関より贈与の意思確認の連絡があることで、忘れることなく贈与の検討が可能。 ● 贈与契約書の作成サポートを受けることができる。
教育資金贈与信託	祖父母（直系尊属）などが、30歳未満の子、孫、ひ孫等（直系卑属）の教育に充てるための資金を最大1,500万円まで非課税で贈与できる。	● 受贈者の口座開設〜教育資金出金に付随する事務手続きのサポートを受けることができる。 ● 金融機関から税務署宛の非課税申告書を提出してもらえる。
結婚・子育て支援信託	祖父母などが18歳以上50歳未満の子や孫に結婚・子育てに充てるための資金を最大1,000万円まで非課税で贈与できる。	● 受贈者の口座開設〜結婚・子育て資金出金に付随する事務手続きのサポートを受けることができる。 ● 金融機関から税務署宛の非課税申告書を提出してもらえる。

除額を超えた場合は、贈与を受けた方が贈与税を支払う必要があります。また、相続開始前3年以内に相続人が受贈した財産は相続税の課税対象となるため注意が必要です。2027年1月2日相続開始より、この3年以内ルールが段階的に延長になり、2031年1月1日相続開始が7年以内ルールとなる見通しです。

　暦年贈与のポイントは、〈図表18-2〉記載の3点です。

信託を活用した「暦年贈与」とは？

　信託は資金を預かるだけではなく、事務手続きのサポートを行えるのが特徴です。暦年贈与も信託で取り組むことができます（商品名称は、暦年贈与サポート信託、暦年贈与信託、暦年贈与型信託など）。

　ここでは、三井住友信託銀行が提供している「暦年贈与サポート信託」を例に、流れをみてみましょう。

① 信託銀行から贈与者に「贈与契約書（白紙）」を提供し、贈与者は必要事項を記入のうえ、受贈者に「贈与契約書」を渡す。

② 贈与者は、信託銀行に贈与する資金を預け入れる。

図表18-2 暦年贈与の3つのポイント　　　　　　　　出所：三井住友信託銀行作成

贈与者と受贈者の意思確認
- 暦年贈与は毎年の契約のため、毎年お互いの「あげた」「もらった」という意思を明確にするため、贈与契約書を作成することが大切です。

記録化
- 贈与者の口座から受贈者の銀行口座へ振り込みをするなど、しっかりと贈与した事実を確認できる記録を残すことが必要です。

贈与財産の管理
- 贈与された資金は贈与を受けた方が管理することが大切です。受贈者名義口座の印鑑・通帳の管理はもちろんのこと、管理していることを客観的に証明するためには、受贈者が贈与資金を「つかう」ことがポイントです。

③　受贈者は受け取った「贈与契約書」に必要事項を記入（契約書の締結）し、信託銀行宛に提出する。

④　信託銀行は、提出を受けた贈与契約書に基づき、受贈者の口座へ贈与資金の振込みを行い、資金移動の履歴を管理する。

⑤　①〜④を毎年繰り返す。

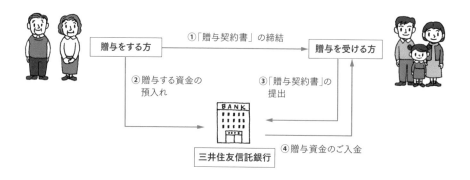

このサービスは、毎年贈与者宛てに信託銀行から案内が届くため、忘れることなく贈与の検討が可能となります。また、贈与に関する報告書も信託銀行が

090

作成し、受贈者へ送付されます。

教育資金贈与について

　2023年3月31日（2026年3月31日まで延長の見通し）までの間であれば、「教育資金の一括贈与に係る贈与税非課税措置」が利用できます。この制度は、祖父母等贈与者が、子、孫、ひ孫（直系卑属）等名義の金融機関の口座等に、教育資金として一括でお金を支出（預金）した場合、30歳未満の直系卑属ごとに1,500万円または500万円までを非課税とする制度です。ただし、受贈者の前年の合計所得が1,000万円以上の場合は、本制度の新規利用や追加贈与はできません。

　「学校等に支払われる金額」は1,500万円まで非課税ですが、スポーツクラブや習い事の月謝などは、500万円が上限となっています（合計2,000万円ではありません）。

信託を活用した「教育資金贈与」とは？

　非課税扱いとするための条件である、①子、孫、ひ孫等名義の教育資金口座開設②教育資金口座からの出金に付随する事務取扱いを信託銀行が担います。教育資金を預け入れる時点で贈与を受ける方から「教育資金非課税申告書」の提出を受け、信託銀行から税務署宛てに提出します。

　教育資金の払出しを行う際は、贈与を受けた人が信託銀行所定の払出請求書を提出することで支払請求を行い、教育関連費用の領収書等の提出をいただきます。当初預入金額は金融機関によって異なります。

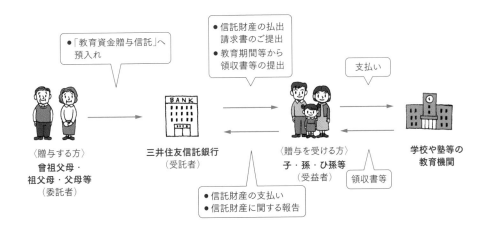

結婚・子育て資金贈与について

　結婚や子育てに対しての資金援助については、「結婚・子育て資金の一括贈与を受けた場合の特例」を使うことができます。2023年3月31日（2025年3月31日まで延長の見通し）までの間であれば、18歳以上50歳未満の贈与を受ける方（子や孫）1人あたり、1,000万円までの結婚・子育て資金の一括贈与が非課税になります。このうち、結婚費用に充てられるのは300万円までです。教育資金贈与と同様、受贈者の前年の合計所得が1,000万円以上の場合は、本制度は利用できません。

　注意が必要なのは、贈与者（両親、祖父母）が亡くなった時点で、特例が消滅してしまう点です。受贈者が50歳未満であっても残額はすべて相続や遺贈で受け取った財産とみなされ、相続税が課税されます。また、受贈者が50歳になった時点で贈与金額が残っていると、贈与税の対象となります。

信託を活用した「結婚・子育て資金贈与」とは？

　非課税扱いとするための条件である、①子、孫等名義の結婚・子育て資金口座開設、②資金口座からの出金に付随する事務取扱いを、信託銀行が担います。結婚・子育て資金を預け入れる時点で贈与を受ける方から「結婚・子育て資金非課税申告書」の提出を受け、信託銀行から税務署宛てに提出します。

　資金の払出しを行う際は、贈与を受けた人から信託銀行所定の払出請求書と結婚・子育て関連費用の領収書等の提出が必要です。当初預入金額は金融機関によって異なっています。

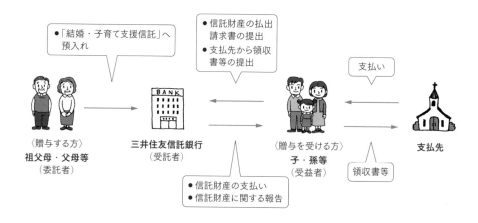

● 多様化する寄付の手法

　皆さんはこれまでに寄付をされたことはありますか？ "寄付" というと、従来からある「赤い羽根募金」やコンビニの店頭にある募金箱や該当での募金活動を想像されるかもしれません。しかし、最近は、このような寄付ではなく、クレジットカード決済による寄付、ポイントを使った寄付、ふるさと納税、クラウドファンディングといった寄付も一般的となり、寄付の手法が多様化してきています。特に、ふるさと納税やクラウドファンディングは、昨今テレビCMやニュースなどでも頻繁に取り上げられており、皆さんも耳にされたことがあるのではないでしょうか？

　このような寄付の多様化を背景に、日本における寄付市場は拡大傾向にあります。2020年における個人の寄付総額は1兆2,126億円、寄付者数・寄付者率は4,352万人・44.1％となっており、2009年と比較して大きな伸びを見せています（2009年の個人の寄付総額：5,455億円、寄付者数・寄付者率：3,766万人・34.0％）。

● 社会貢献をしつつ税制面のメリットも享受

　それでは、寄付を行う目的やメリットは何でしょうか？　まずは、「社会貢献をしたい」、「自分が関係している団体の活動を支援したい」といった理由も

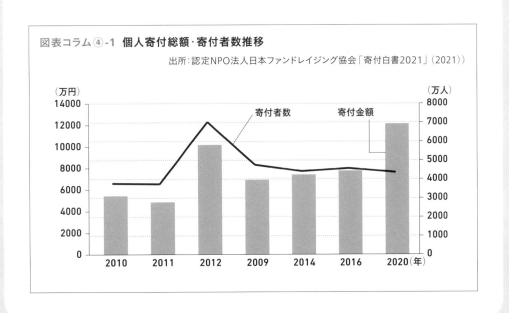

図表コラム④-1　個人寄付総額・寄付者数推移

出所：認定NPO法人日本ファンドレイジング協会「寄付白書2021」（2021））

さることながら、「寄附金控除といった税制面のメリットを享受したい」といった理由も挙げられます。寄付を行うことで、団体の活動等を通じて社会貢献できるほか、税制面のメリットも享受できるのです。

　次に、最近の寄付を取り巻く環境を振り返ってみましょう。2019年12月末に新型コロナウイルス感染症の感染者の一例目が報告されて以降、感染が急拡大する中で、新型コロナ関連の寄付のニーズが高まり、2020年においては、特に医療分野を中心に、寄付がなされました。新型コロナ関連の寄付にあたっては、団体や個人による高額寄付の報道が目立ったことに加えて、金融機関が寄付者・仲介者双方の立場で存在感を示した点が特徴ともいえます。

　例えば、三井住友信託銀行では、2020年5月に、「新型コロナワクチン・治療薬開発寄付口座」を開設し、新型コロナに対するワクチンを開発する大学と、ワクチン開発を支援する個人の想いをつなぎ、約1,800人・約2.6億円の寄付を仲介するとともに、ワクチン研究に取り組む大学への寄付も行われています。

　なお、三井住友信託銀行では、これまで「新型コロナワクチン・治療薬開発寄付口座」以外にもさまざまな寄付に関するサービスを提供し、寄付を通じて社会貢献に取り組んできています。ここでは、三井住友信託銀行が取り扱う寄付に関する商品・サービスを参考にみてみましょう。

　ちなみに三井住友信託銀行では、「いつ寄付をするのか」という観点で、「生前に寄付をする商品・サービス」と「死後に寄付をする商品・サービス」に大きく分類しています。

● 生前の寄付、死後の寄付

　生前に寄付する商品・サービスとしては、「医療支援寄付信託」、「社会貢献寄付信託」、「特定寄附信託」を取り扱っています。いずれも三井住友信託銀行に信託いただいた資金を、あらかじめ指定した寄付先に5年間または10年間にわたって、分割して寄付を行うことができる商品・サービスです。これらの商品・サービスを通じて寄付を行うことで、税制面のメリットを享受できるほか、毎年寄付先から送付される活動報告をもとに、自身の寄付金がどのように活用されているのかを把握することができるメリットがあります。また、「社会貢献寄付信託」と「医療支援寄付信託」では、寄付先を毎年変更することが

できるため、活動状況を見ながら、毎年寄付先を選択することも可能となっています。

相続が発生した際に、相続財産の一部もしくは全部を寄付する商品・サービスとしては、「遺贈寄付」、「遺言代用寄付信託（愛称：未来への寄付）」の取り扱いがあります。「遺贈寄付」においては、遺言により、遺産の全部もしくは一部をあらかじめ指定する寄付先に寄付ができる点が特徴です。一方、「遺言代用寄付信託」は、遺言を作成することなく、財産の一部を手軽に寄付できる点が特徴です。

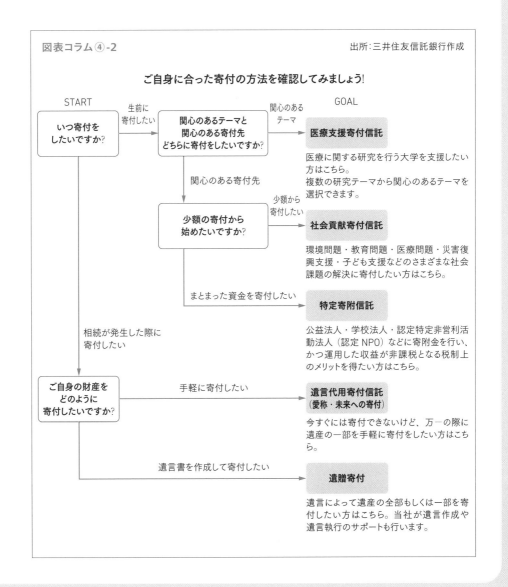

図表コラム④-2　　　　　　　　　　　　　　　　　　　出所：三井住友信託銀行作成

ご自身に合った寄付の方法を確認してみましょう!

冒頭で触れたように、日本の寄付市場は拡大を見せています。しかし、欧米と比べると、まだまだ寄付の文化は浸透していない状況です。

皆さんもこうした寄付に関する商品・サービスを通じて、想いを形にし、よりよい未来の実現をサポートされてみてはいかがでしょうか？

【三井住友信託銀行が提携する主な寄付先一覧】

寄付先	テーマ
公益財団法人 世界自然保護基金ジャパン（WWF ジャパン）	環境
公益財団法人 日本生態系協会	環境
公益社団法人 日本ユネスコ協会連盟	教育
公益財団法人 日本対がん協会	医療
京都大学 iPS 細胞研究所	医療
特定非営利活動法人 国境なき医師団日本	医療
公益財団法人 日本盲導犬協会	社会福祉
公益財団法人 国際科学技術財団	学術
独立行政法人 日本芸術文化振興会	文化
社会福祉法人 中央共同募金会	災害支援復興
公益財団法人 日本財団	子ども支援
公益財団法人 スペシャルオリンピックス日本	障がい者スポーツ支援
特定非営利活動法人 国連 UNHCR 協会	人道支援

後悔しない
「遺言」・「相続」・「終末医療」・「お葬式」編

Q 19

ご自身の財産を安心してのこすために「遺言書」は作るべきですか？
その作り方はどうしたらよいのですか？
その際、注意しておきたい「遺留分」についても教えてください

A ご自身の希望どおりに遺産の分配をしたいのであれば、作るべきです。

解説

「遺言書」の機能

「遺言書」は、これまでご自身が築いてきた財産について、ご自身の死後の遺産の帰属先を定めるための意思表示を記した書面です。遺産の帰属以外に

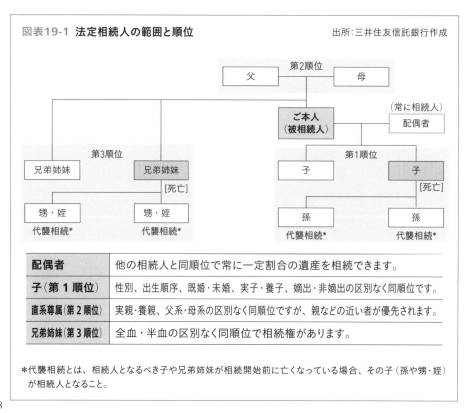

図表19-1 **法定相続人の範囲と順位**　　　出所：三井住友信託銀行作成

配偶者	他の相続人と同順位で常に一定割合の遺産を相続できます。
子（第1順位）	性別、出生順序、既婚・未婚、実子・養子、嫡出・非嫡出の区別なく同順位です。
直系尊属（第2順位）	実親・養親、父系・母系の区別なく同順位ですが、親などの近い者が優先されます。
兄弟姉妹（第3順位）	全血・半血の区別なく同順位で相続権があります。

＊代襲相続とは、相続人となるべき子や兄弟姉妹が相続開始前に亡くなっている場合、その子（孫や甥・姪）が相続人となること。

図表19-2 法定相続分の割合

出所：三井住友信託銀行作成

	相続人	法定相続分	
配偶者がいる	配偶者のみの場合	配偶者全部	
	配偶者と子がいる場合	配偶者 1/2	子 1/2
	配偶者と父母がいる場合	配偶者 2/3	父母 1/3
	配偶者と兄弟姉妹がいる場合	配偶者 3/4	兄弟姉妹 1/4
配偶者がいない	子がいる場合	子全部	
	父母がいる場合	父母全部	
	兄弟姉妹がいる場合	兄弟姉妹全部	

も、子どもの認知を記載した遺言書がのこされることもあります。

　遺言書がない場合の相続では、ご自身の希望とは関係のない民法の定めに従った遺産の分配が行われます。具体的には、民法が定める法定相続人（未成年相続人の特別代理人を含む）の全員が参加する遺産分割協議での全員の合意を経て、どの遺産を誰に帰属させるのかが決定されます。なお、同順位の法定相続人が遺産に対して有する相続分の具体的な割合は民法において法定相続分として定められていますが、遺産分割協議の全員の合意があれば法定相続分に拘らない分割も可能です。ただし、遺産分割協議については、開催の手間暇の負担や、全員の合意が困難な場合があるということに留意が必要です。

相続の3つの対策ポイントと遺言書

　相続対策のポイントは以下の3点です。遺言書の作成はこのすべてに有効に作用することから、安心できる財産の遺し方を実現したい場合は、遺言書を作成しておくことが望ましいでしょう。

①相続手続き対策

　相続手続きの負担軽減に向けた対策です。相続発生後のご家族は悲しみの中にあり、相続手続き対策にはご家族の心理的な負担を軽減する効果もあります。

　遺言書を作成しておけば、相続人全員の参加や同意が必要な遺産分割協議をせずに相続手続きを進めることができ、遺言執行者がいる場合には、面倒な手続を任せることもできます。

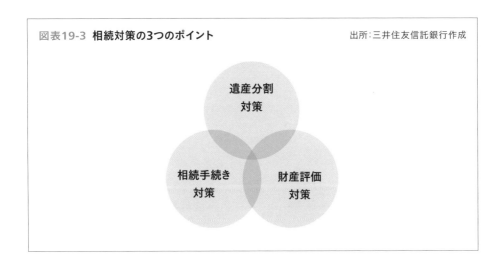

図表19-3 相続対策の3つのポイント　　　　出所：三井住友信託銀行作成

遺産分割
対策

相続手続き
対策

財産評価
対策

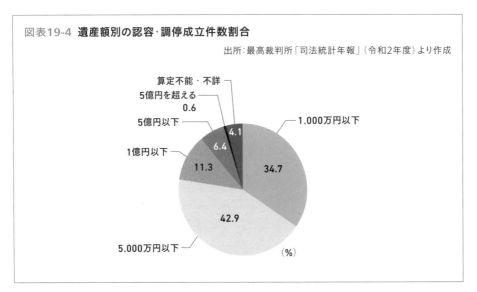

図表19-4 遺産額別の認容・調停成立件数割合

出所：最高裁判所「司法統計年報」（令和2年度）より作成

算定不能・不詳

5億円を超える
0.6

5億円以下

1億円以下

5,000万円以下

1,000万円以下

4.1

6.4

11.3

42.9

34.7

（％）

　法定相続分どおりの財産の分配でよいと考える場合にも、遺言書を作成しておくことで、相続人の手続き負担を軽減できます。

②遺産分割対策

　円滑な遺産分割に向けた対策です。遺産の一覧化や分割方法についての被相続人ご自身の希望を示すことは、相続人間の争いの防止や、生前からの感謝の気持ちを財産で示すことに繋がります。

　遺産分割の希望は「エンディングノート」などに記しておくことも出来ますが、メモ書きではない法的な効力を持った希望をのこすには遺言書を作成しておく必要があります。

法定相続人同士の遺産配分の調整はもちろん、法定相続人以外に遺産を遺贈したい場合には、遺言書の作成は必須となります。

　よく、「うちは財産もなく、子どもも仲がよいので相続でもめることはない」との楽観論も聞かれますが、実際の紛争は金額の多寡に関わらずに多く発生しています。また、仲のよい兄弟姉妹であっても、その配偶者や友人・知人の介入から関係がこじれていく場合も多々あります。

③財産評価対策

　相続税の節税や軽減に向けた対策です。保険や不動産などを活用した財産の保有形態の工夫だけでなく、配偶者の死亡による二次相続発生も視野に入れた一次相続での配分調整なども手当てしておくと安心感が増します。

　遺言書を活用すれば、一次相続での相続税支払いを回避したい場合の配偶者控除の利用※や、各相続人の相続税支払いの金銭的負担を視野に入れた金融資産と非金融資産の配分調整などを行うことができます。

※：配偶者が相続した遺産のうち課税対象となるものの額が1億6,000万円までであれば、配偶者に相続税が課税されない制度です。二次相続の際には課税されます。

遺言書の作成方法

　遺言は、遺言者の意思表示のみで法的効果を発生させる一方的な行為ですが、遺言の内容は、相続人を始めとした利害関係人や社会公共の利益に大きな影響を与える可能性があります。このため、遺言は、民法の定める方式で作成しなければ効力を生じない要式行為とされています。

　遺言にはさまざまな作成方法がありますが、最も一般的な方法は、「自筆証書遺言」と「公正証書遺言」の2種類です。

　「自筆証書遺言」は遺言者が全文、日付、氏名を自署（財産目録については自署でなくとも可）、押印するのみで作成可能なため非常に簡便です。しかし、その分形式不備や内容が不明確な場合も多く、後日トラブルが起きやすい傾向にあります。

　「公正証書遺言」は、数万円の費用等はかかりますが、2名以上の証人の立会いのもとで、遺言者が遺言の趣旨を公証人に口頭で伝え、公証人が公正証書として作成するため、手続上無効になるおそれが極めて少なく、円滑な遺言の執行に向けた安定性に優れています。

図表19-5 「遺言」の方式と特徴

出所：三井住友信託銀行作成

	自筆証書遺言	公正証書遺言
概要	● 遺言の全文、日付および氏名を自書し、押印する。ただし、自書によらない財産目録を添付することができる。*1 ● 相続開始後、家庭裁判所で「検認」（遺言書の証拠保全手続き）を受けることが必要*2。 ● 費用もかからず、誰にも知られずに作成できるものの、形式不備や、内容が不明確になることが多く、後日トラブルが起きやすい。*2 ● 作成時のご自身の状況を第三者が確認していないことが多く、遺言が無効になるおそれがある。 ● 偽造・変造・隠匿・紛失のおそれがある。*2	● 2名以上の証人*3の立会いのもと、遺言の内容を公証人に伝え、公証人が公正証書として作成。 ● 家庭裁判所の「検認」が不要。 ● 公正証書作成費用がかかる。 ● 公証人が作成するので、手続き上無効になるおそれが極めて少ない。 ● 偽造・変造・隠匿・紛失のおそれがない。

*1 自書によらない財産目録を添付する場合は、目録の毎葉に署名・押印が必要です。

*2 「法務局における自筆証書遺言書の保管制度」を利用する場合は法務局が形式上の不備がないことを確認した遺言書を保管することとなり遺言書の検認が不要とされます（保管制度の利用には費用が発生します）。なお、法務局での確認は遺言書の法的な有効性などの内容まで審査される仕組みとはなっていないため留意が必要です。

*3 推定相続人・受遺者などは証人になることができません。証人は遺言の内容を知るため、誰に依頼するのか（できるのか）を考える必要があります。

図表19-6 具体的な「遺留分」

出所：三井住友信託銀行作成

	法定相続分		遺留分	
配偶者と子ども	配偶者	1／2	配偶者	1／4
	子ども	1／2	子ども	1／4
配偶者と親	配偶者	2／3	配偶者	1／3
	親	1／3	親	1／6
配偶者と兄弟姉妹	配偶者	3／4	配偶者	1／2
	兄弟姉妹	1／4	兄弟姉妹	なし
配偶者のみ	全部		1／2	
子のみ	全部		1／2	
兄弟姉妹のみ	全部		なし	

「遺留分」への注意

　遺言書による遺産の配分は遺言者の自由ですが、法定相続人には、民法で最低限の遺産の取り分が「遺留分」として保証されています。

　「遺留分」を侵害した遺言書も作成可能ですが、相続発生後、「遺留分」を侵害されたことに納得できない相続人は、侵害している側の相続人や受遺者へ清算金を求める遺留分侵害額請求を行うことができます。このため、相続発生後の紛争を避けるため、遺言書の実務においては、「遺留分」を侵害しない配分内容とすることが一般的です。

「遺言書の作成」と併せて「遺言執行者の指定」も大切と
言われているのはなぜですか? また、想いを確実に実行する
ために効果的と言われる「遺言信託」について教えてください

A 「遺言執行者」、「遺言信託」について詳しく解説いたします。

解説

遺言執行者とは

　遺言執行者とは、民法に定められた役割であり、遺言書の内容を実現するため、相続財産の管理その他遺言の執行に必要な一切の行為をする権利義務を有した者をいいます。遺言執行者には、民法の委任契約の受任者の規定が準用され、善管注意義務、報告義務、受取物引渡義務などが課されます。

　遺言書に基づく遺産の相続手続きは遺言執行者を指定せずともできますが、一つひとつの手続きで相続人同士の協力が必要となるため停滞するリスクが高く、また、特定の相続人に負担が集中して相続人間の不和が生じるおそれもあり、単独での執行権限を有した遺言執行者を指定することは、手続の円滑性や迅速性、相続人間の不和防止の観点で大きなメリットがあります。特に、迅速性については、相続税の申告・納付が10か月以内とされていることからも重要です。

　誰を遺言執行者に指定するかの判断は円滑な相続の分水嶺となり、人選を誤ると親族不和を惹起したり、遺言内容が実現されないおそれがあります。

【相続発生に伴う各種の手続き期限】

	3か月以内	4か月以内	10か月以内
相続発生	● 死亡届の提出 ● 社会保険・年金関係の手続き ● 生保・損保の手続き ● 相続人の確定 ● 遺言書の確認 ● 相続放棄・限定承認 通夜・葬儀 初七日・四十九日	● 所得税の申告・納付	● 相続財産（遺産・債務）の調査・収集 ● 遺産分割協議 ● 預貯金・有価証券などの換金・名義変更 ● 不動産の名義変更 ● 借入債務の承認手続き ● 相続税の申告・納付

遺言執行者の指定方法

　遺言執行者の指定方法は3通りあります。遺言執行者に指定された者は、これを辞退することも可能であることから、具体的な者を指定する場合には、事前に了解を得ておくことが望ましいでしょう。なお、指定された者が遺言執行者に就職した場合には、直ちに任務を開始し、相続人へ遺言内容を通知しなければなりません。

①遺言書での指定

　遺言書に、具体的な遺言執行者の指定を記載します。

②第三者による指定

　遺言書に、第三者が遺言執行者を指定すべき旨を記載します。

③裁判所による指定

　遺言書に遺言執行者を指定する記載がないときや、遺言執行者に指定された者の死亡、認知症発症、辞退などの事由がある場合、利害関係人の申し立てにより、家庭裁判所が遺言執行者を指定します。

誰を遺言執行者にすべきか

　遺言書の執行手続きは煩雑であり、遺言執行者には知識・能力や経験値に加えて、手続きをやり切る責任感が求められます。なお、相続の発生は何年後になるか分からないことから、高齢者を遺言執行者に指定することは死亡や認知症発症リスクの観点から望ましくなく、極力は自然人でない法人、特に、財務基盤が盤石で業務の継続性に問題のない法人を指定することが無難でしょう。

遺言信託とは

　遺言信託は、信託銀行等が提供する、遺言書に関する手続きを総合的にサポートする商品であり、相続への想いを確実に実現したい方にとっては大変使い勝手のよい手段となります。

　信託銀行等が提供するサポートの内容は、遺言者である顧客の「生前」と「死亡後」に大別されます。

　「生前」においては、顧客からの遺言書に係る相談を受け、相談内容に基づく遺言書（公正証書遺言）の作成の支援を行い、作成された遺言書の正本を保管します。そして遺言者の「死亡後」には、相続人へ遺言書を開示のうえ、信託銀行等が遺言執行者に就職し、遺言書の記載内容を実現させます。

①遺言者の生前における具体的業務内容

ア．遺言書作成の相談

　信託銀行等は、遺言者である顧客に対し、推定相続人や受遺者の状況、資産の状況および財産の分割に関する意向等を確認し、申し込み時点の法令や制度を前提として、円滑な遺言執行の可否やリスクを勘案し、遺言の内容について適切なアドバイスを行います。

イ．遺言書（公正証書遺言）作成の支援

　公証役場での公正証書遺言の作成にあたっては、2名以上の証人の立会いが必要ですが、ご依頼がある場合、信託銀行等の職員が証人となることがあります。

　また、遺言執行者として信託銀行等を指定します。

ウ．遺言書の保管

　信託銀行等は、公正証書遺言の正本を保管し、遺言者は謄本を保管します。

　また、遺言者が死亡したことを信託銀行等へ通知する死亡通知人を指定します（死亡通知人本人からの承諾を得ます）。

②遺言者の死亡後における具体的業務内容

ア．遺言書の開示

　遺言者の死亡後、死亡通知人から通知を受けた信託銀行等は、公正証書遺言の保管者（執行予定者）として法定相続人全員・受遺者に遺言書を開示します。

イ．遺言執行者への就職

　信託銀行等は、遺言書の指定に基づき遺言執行者に就職したときは、直ちに任務を開始し、相続人へ遺言内容を通知します。

ウ．遺言の執行

　信託銀行等は、相続人等の協力を得ながら、遅滞なく、遺産や借金等を調査

し、相続財産を一覧表にまとめた財産目録を作成して、相続人へ交付します。また、信託銀行等は、遺言書の内容のとおりに、遺産の名義変更や処分等を行い、相続人・受遺者へ引き渡します。

③報酬体系

　遺言信託に関して信託銀行等が受け取る報酬は、引受時の基本手数料と、保管期間中の保管料、執行時の執行報酬の3種に大別されます。このうち、執行報酬については、さまざまな料金体系がありますが、遺産の金額に応じた従量課金制とされている場合が一般的です。

遺言信託、ご相談から遺言執行までの流れ

事前のご相談

↓

遺言書の作成

↓

証人の引き受け

↓

遺言信託の申し込み

↓

定期的なフォロー

↓

相続発生

↓

相続開始の通知

↓

遺言書のご披露と
遺言執行者就任

↓

遺産の調査・
財産目録の作成

↓

所得税、相続税などの
資金手当てのアドバイス

↓

遺産分割の実施

↓

遺言執行終了のご報告

Q 21

「終末期医療」について考えておくべき際に、
注意すべき点について教えてください

A 死が身近でなくなり、多くの方が「終末期医療について考えたことが
ないまま終末期を迎えること」が大きな課題であるといえます。

解説

　近年は、自宅で亡くなる方が減り、誰にとっても死が身近でなくなり、死が
見えなくなってきています。例えば、マンションのエレベーターでは遺体が運
べないことが問題になるなど、私たちの生活において死が身近でなくなってき
ているのです。

　人生 100 年時代にもなり、人生という登山道のうちの下山道が長くなりま
した。この下山道の景色を楽しみながら、また苦しみ少なく、歩めるようにす
ることは、Quality of Life からも、とても大切なことです。このうち終末期は、
この下山道の最期にあたるわけですが、下山道が人によってさまざまなルート
があるように、さまざまな終末期があります。

　別の側面で見ますと、お医者さまには、少しでも回復の見込みがある限りは
治療を行う使命があるのですが、現代医療技術の進歩により、これを駆使して
延命措置を行えば、心臓の拍動を維持し、呼吸や栄養を人工的に供給し続ける
ことで命を長らえることができるようになってきています。そして、その延命
治療の内容によっては、人生の終末期が、ゆるやかな下山でなくなったり、重
荷を負いつつの下山となったり、ご自身が希望し計画していた道すじから外れ
たりと、Quality of Life の保持と両立しないことが起こってしまうようなこと
にもなっています。

　「終末期医療」についてのことわざで、アメリカには「カリフォルニアの娘症
候群」というものがあります。これは東海岸であるニューヨーク在住の親ご自

身が、医師などと時間をかけて話し合い延命治療をしない方針を決め、ホスピスで最期を向かえることを選んだのに、突然、遠く西海岸であるカリフォルニアから、数十年もご自身と会っていない娘があらわれ、なぜ治療をしないのかと、医師を責め、親ご自身としてはやってほしくないと決めていたあらゆる延命治療をさせたうえに、ご自身は助からずにお亡くなりになるという話です。これは、カリフォルニアを東京などに変えて使われることもありますが、日本の日常のご臨終の場面でも起こっていることといえます。

ご自身の考えを整理し実現への準備が大切

　さて、では、このような事態をできるだけ避けるため、終末期医療について考えておくべきことの第一歩は、終末期医療についてご自身の考えを整理したうえで、それを実現するための準備をすることです。一般的にこの準備の主たるものは「リビングウィル」や「事前指図書」といわれているものを作成することになります。この「リビングウィル」は、終末期医療で有名なニュージャージー州最高裁判所の「持続的植物状態の患者から生命維持装置を外してよい」という判決のあとで、アメリカの各州で法律制定などがあり広がっていったものです。

有用な「リビングウィル」

　次にこの「リビングウィル」に何を書くかですが、項目として大きくは、心臓について、肺について、そして胃腸について、すなわち心拍など血液の循環、呼吸の継続、栄養の確保についての最終下山計画を書くこととなります。
　具体的な選択肢としては、
- 心臓が止まった際に行う、心臓マッサージ（胸骨圧迫）、AED（自動体外式除細動器）
- 呼吸が止まった際に行う、鼻や口からチューブを入れる気管内送管法、のどを切開し気管にチューブを入れる気管切開、新型コロナで有名になった「エクモ」
- 食べられなくなったり、飲めなくなった際に行う、経口流動食や栄養補助薬剤をカテーテルなどの管を通して消火器官に送り込む経管栄養法、おなかに穴をあけて胃に直接カテーテルを留置する胃ろう
　などであり、これらの中には、先ほどのニュージャージー州の最高裁判所の判決のように、一度装着すると（殺人罪に問われる可能性があり）、ご自身が元気になって意思表示をしない限り誰も外せなくなるという性質のものもありますの

で、各々の方法について理解をして決めていく必要があります。

「リビングウィル」を周囲と共有することが大事

　「リビングウィル」には具体的には決まったフォーマットはありませんが、地方自治体や医師会が文例を用意していますので、参考にされるとよいと思います。また、「リビングウィル」を使う場面がいつ、どのような場所でおとずれるのかは人によって様々です。あまり細かく書くとうまく使えない書類となることもありますので注意しましょう。

　次にとても注意して実行していただくべきことについてです。「リビングウィル」は、これを書いてそれで終わりではなく、お医者さまやご家族など周囲の人と共有しておくことがとても重要です。遺言などは秘密にしている人もいるかもしれませんが、この「リビングウィル」は秘密にしていてよいことは一つもありません。特に、かかりつけ医がおられることはとても大切です。かかりつけ医のお医者さまと一緒になって、終末期の方針を共有しておきましょう。

　そしてまた、「さきほどのカリフォルニアの娘症候群」の話のようなこととならないよう、家族をはじめ周囲の人の理解も必要です。

遺言と信託を「リビングウィル」とセットで準備を

　「リビングウィル」の他に終末期にあわてずおちついて対応できるよう、人間の自然な死に方について、ご家族の理解があれば、よりご自身が決めていたとおりの終末期を迎える可能性を高めることができるといわれています。

　例えば、今まさにご自身の命が燃え尽きてゆき、自然に死に逝こうとしている場面では、下顎呼吸（大きく口をあけてあえぐように呼吸すること）や下顎喘鳴（のどもとでゴロゴロと音がなり、ぜいめいすること）が起こったりします。これらについて家族が理解している場合と、いない場合では、家族がこの場面に直面した際の心理的ストレスや対応の選択肢に差が出ることになりますし、例えば、静かに命の炎が燃え尽きようとしている場面で、救急車が呼ばれ、ご自身は病院に運ばれ、（救急隊員や医師は命を救うことが使命ですので）、ご自身の希望と異なる延命措置がなされることになりかねず、それがご自身の希望だったのかどうか疑問が残る最期になる可能性があるともいえます。

　こういうことも、冒頭に記載したとおり、私たちの生活から死が遠のいている現代社会では意識しておかないと、なかなかうまく対応できないことの一つとなっているようです。

ここまで終末期医療について考えておくべきこととして、「リビングウィル」を中心に説明しましたが、人生の下山道計画作成にあたっては、「リビングウィル」ともに、遺言や信託をセットにして準備おくことで、よりよい下山のために有用な、二本の杖のような機能を果たすことができます。

　「リビングウィル」と、遺言や信託のセットは、あらかじめ考えていたとおりの人生の景色をみつつ下山道を楽しむために役に立つ装備ですので、思いついたそのときにそうした装備をそなえておくことをおすすめします。

葬儀には種類がありますか？
最近の葬儀事情について教えてください

A 葬儀にはさまざまな種類があります。最近の葬儀事情について解説します。

解説

「こぢんまり、シンプル」：コロナで流れが加速

葬儀に正式な区分けはありません。よく「一般葬」「家族葬」「直葬」という言葉が使われます。昔からの伝統的な形式の葬儀を「一般葬」と呼び、通夜、告別式を2日にわたって行うのが一般的です。

これに対して「家族葬」は平成になって増えてきた葬儀で、参列者を親しい親族や友人などに限定して、小規模に行う葬儀のことです。「一般葬」と「家族

葬儀の種類	説明	参列者（目途）	葬儀の規模
一般葬	昔からの伝統的な葬儀。「通夜」「告別式」を合計2日に亘って開催する。「喪主」が必要となる。また一般的に宗教者が参列する。	20名以上	大
家族葬	参列者を家族や親しい親族・友人などに限定した小規模な葬儀。一般葬との違いは参列者の人数のみであることが多い。	20名以下	
一日葬	「通夜」を行わず「告別式」のみ、1日で終了させる葬儀。家族葬と同様に小規模な葬儀の場合が多い。		
直葬	火葬式とも呼ぶ。「通夜」「告別式」を行わず、火葬のみを行う。火葬直前に集まった方々で簡単なお別れの先を行う場合が多い。	5名以下	小

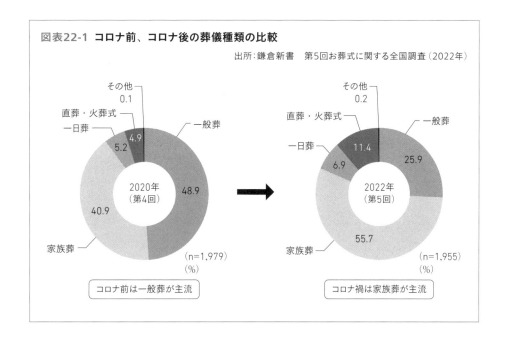

図表22-1 **コロナ前、コロナ後の葬儀種類の比較**

出所:鎌倉新書　第5回お葬式に関する全国調査（2022年）

その他 0.1
直葬・火葬式 4.9
一日葬 5.2
一般葬
2020年（第4回）
48.9
家族葬 40.9
（n=1,979）（%）

コロナ前は一般葬が主流

その他 0.2
直葬・火葬式 11.4
一日葬 6.9
一般葬 25.9
2022年（第5回）
家族葬 55.7
（n=1,955）（%）

コロナ禍は家族葬が主流

葬」との違いは参列者の人数のみで、それ以外は大きな違いはないといわれています。また最近では、通夜を行わず告別式のみの「一日葬」も増えてきています。

「直葬」というのは葬儀や告別式を行わず火葬を行うもので、「火葬式」とも呼ばれます。希望すれば火葬前に僧侶による読経などを依頼することも可能です。

鎌倉新書が実施した「第5回お葬式に関する全国調査（2022年）」によると、以前は葬儀の大半が「一般葬」でしたが、少子高齢化、核家族化の影響でしょうか、最近では「家族葬」や「1日葬」を選択される方が増えてきています。コロナの影響も加わってか2022年では「家族葬」を選択される割合が全体の5割を超えています（55.7％）。また「直葬」を選択される方も全体の1割強（11.4%）となっています。

「自分らしさ」：小粒でもきらりとしたこだわりを

でも、シンプルに加えて「自分らしさ」にこだわる方が多いのも最近の特徴です。

「遺影にお気に入りの写真を」にはじまり「棺に愛用のぬいぐるみや書籍を入れてほしい※」、「棺を花でいっぱいにして欲しい」、「お気に入りの音楽（クラシック、ロック、歌謡曲、生演奏）を流してほしい」、「気に入った服装で棺に納めて

ほしい」などのほか、「読経などを一切省いた必要最低限の葬儀」と費用面にこだわったものや「葬儀後に一人ひとりに事前に個別作成したお別れの手紙を発送してほしい」、「葬儀後別途友人で食事会を開催してほしい」、「生前にお別れ会をやりたい」など、小さなことでも「自分らしさ」にこだわる方が増えています。

※：棺の中に入れられるものは火葬場によって決められていますので、事前に葬儀社等に確認しておくことをおすすめします。

「葬式費用くらいは自分で」：人に迷惑かけないという考え

　鎌倉新書が実施した「第5回お葬式に関する全国調査（2022年）」によると、2022年の一般的な葬儀の平均費用は約110.7万円となっています。葬儀のシンプル化に加えて2022年ではコロナの影響により、葬儀費用が大きく落ち込んでいますが、それでも葬儀を主催する方（喪主など）にとっては「それなりの」出費となることは間違いありません。また、葬儀はある日突然におとずれることも多く、不意の出費となることもあります。

　このため、「葬儀費用くらいは自分で」という方も増えています。しかし、「準備した葬儀費用をどうやって（葬儀を主催する方や葬儀社に）渡すか？」という点についてはそれぞれ一長一短があり、悩ましいところです。

　あらかじめ、特定の親族などに渡しておくというのが簡単で一般的と思われ

図表22-2　平均費用（総額の推移）　　出所：鎌倉新書　第5回お葬式に関する全国調査（2022年）

2022年	基本料金	飲食費	返礼品	総額
全体	67.8	20.1	22.8	**110.7**

ますが、その方自身に負担をかけてしまうほか、万一、その方が先に亡くなってしまったら分からなくなってしまう可能性もあります。また、その方が使い込んでしまう、「生前贈与」として認定されてしまう（贈与税の対象となる）、などというおそれもないとはいえません（あまり考えたくはありませんが）。

　葬儀社に事前に葬儀費用として預けておく、ということも考えられますが、ご自身の葬儀までの期間その葬儀社が存在しているか、というのも悩むところです。このような不安を解消するために、葬儀会社があらかじめ預かった葬儀費用を信託銀行や信託会社に信託する「葬儀信託」という制度もありますが、取り扱っている葬儀会社はごく一部のようです。

　例えば、三井住友信託銀行では、葬儀や納骨などについてご自身の希望を記載した「未来の縁-ingノート」と必要な資金を金銭信託で管理する「おひとりさま信託」というサービスを取り扱っています。関心がある方は調べてみるとよいでしょう。

　なお、葬儀費用については相続人によって、ご自身の相続財産から充当してもらうことも可能ですが、すべての葬儀費用を相続財産でまかなえるわけではありませんし、相続財産を葬儀費用に充てる際にはいくつか注意点もありますので、詳しくは税理士や弁護士などにご相談されることをおすすめします。

「葬儀はご自分ではできない」「誰のための葬儀か?」:忘れてはいけないこと

　当たり前ですが、葬儀を行う時にはご自身はいません。「誰か」に葬儀を行っていただくことになります。誰に葬儀をやってもらいたいのか、意外と忘れがちですが、明確にしてしっかり伝えておくことが大切です。また、葬儀は突然やってきますし、葬儀までの準備期間はほとんどなくバタバタします。親族や葬儀を執り行っていただく方にご自身の想い、葬儀のイメージを伝えておくことも大切です。でも「どうしたらよいかわからない」という方は、葬儀社の事前相談などに足を運んでみて相談してみるのもよいと思います。葬儀のイメージが固まればどんな事前準備が必要なのかもわかってくると思われます。

　ご自身らしい葬儀というのは最近の流れですが、もう1つ忘れてはいけないことは、葬儀は「残された方のためでもある」ということです。たまにあることですが、「子どもたちに迷惑かけたくないから」と「直葬」、手続も「第三者に任せる」といって、私たち（(社)安心サポート）と契約したお客さまがお亡くなりになり、いざ葬儀を行おうとすると「そうは言っても、亡くなった時くらいはお父さん、私（子ども）たちがちゃんと面倒見るよ」といって子どもさんたち

で葬儀が行われました。

　ご自身がここまで元気で来られたのは、配偶者、子ども、ご親族、ご友人等いろいろな方のおかげです。そういった方々をもう一度見つめなおして、きちんとご自身の考え方をしっかり話して納得していただく。途切れてかけていたコミュニケーションの再開とでもいうのでしょうか。そんなことによってご自身の今までの、そしてこれからの人生がより豊かになれればと願っています。

　一般社団法人日本ペットフード協会の全国犬猫飼育実態調査（2022年）によると、日本全国で犬は約705万頭、猫は約883万頭も飼われているそうです。近年、「ペット共生型住宅」等も登場していますが、昔よりもペットを家族の一員として考えられている方も多いと思います。「終活」を進めるにあたり、ペットのこともしっかりと考えておきたいところです。

• 飼い主が亡くなると、ペットはどうなる？

　飼い主が亡くなった場合、法律上でペットは動産にあたり、相続財産となります。遺言がない場合、ペットを誰が引き取るかについては、すべての相続人が参加する遺産分割協議で話し合われることになります。生前にご友人が引き受けてくれることを約束していたとしても、相続人にはその約束が伝わっていないこともあります。

　また、「すぐにご友人に訃報連絡が行って、ペットを引き取りに来てもらえるか」、「自宅でペットが放置されてしまうのでは」、「ご友人が気づかないうちに親族がペットを保健所に連れていくなんてことも・・・」と心配のタネはつきません。

　飼い主でしたら、共に暮らしてきたペットにかわいそうな思いをさせたくないはずです。ご自身にもしものことがあった場合にそなえて、ペットの行く末についてもきちんと考えておきましょう。

• ペットを誰に託す？

　ご自身の死後、ペットの飼育を誰に託すかをまずは考えてましょう。信頼してペットを託せる方かどうかが大切なポイントとなります。託せる方がいたら、事前にペットの飼育を託す旨をお願いし、ご本人から了承を得ておきましょう。そして、遺言書でご自身の意思を記し、飼育費分の遺産相続についても明記しておくことがよいでしょう。

　託す方の候補としては主に以下の3つがあります。

1. ご家族（相続人等）
2. ご友人・知人
3. 愛犬・愛猫ホーム

愛犬・愛猫ホームに託す場合は、事前に施設の見学をしておきましょう。

ホームページ等で、施設の様子を確認できますが、百聞は一見に如かずで、ホームページの内容と実際の様子が異なることもあります。費用も施設によって異なりますが、一番は大切なペットを託せるかどうかの見極めが重要です。

• 信託商品を活用しペットの将来にそなえる？

信託商品を活用し、ペットの飼育費の確保や、ペットの速やかな引き渡しが可能です。

三井住友信託銀行の「おひとりさま信託」なら、一般社団法人安心サポートが生前に決めておいたペットの託し先へ連絡、搬送の手配をしてくれます。「遺言信託（ペット安心特約付）」では、ペットのことを考えた遺言書の保管・執行が任せられ、ペットの託し先へ連絡、搬送の手配に限らず、遺言の機能を活用して、ペットのお世話をしてくれる方に対して、ペットのために必要な費用をのこすことができます。

• 飼育費用はいくらくらい？

現在、ペットのためにかかっている費用の月額をまずは計算してみましょう。月額から年額を算出し、加齢とともに必要となる医療費を加算しましょう。この合計額に『平均寿命（およそ16歳）－現在のペットの年齢』を掛ければ、大まかな費用を予想できます。その際、大型犬、小型犬、猫等の種類で、金額が大きく変わりますので、注意が必要です。

• 最後に

法律上は動産であっても、ペットは心を持った生き物であり、家族の一員です。だからこそ、ペットの行く末のことをしっかりと考えた「終活」を進めてみてはいかがでしょうか。

第 7 章

最新の遺品整理・お墓事情編

最新の死亡後の手続き〜遺品整理の進め方・費用に気をつけるべき点はありますか？

A あります。進め方を理解し、注意すべき点を確認しましょう。

解説

「モノ」はその主人を失った瞬間にそのほとんどが「無価値なもの」に

　「遺品整理」の経験から言えることですが、その方がどんなに大切にしていたものであっても、「モノ」はその主人を失った瞬間にそのほとんどが残念ながら「無価値なもの」と化してしまいます。言い方を変えると「遺品整理」とは「無価値なもの処分」のこととも言えなくもありません。生前にはその主人によって大切にされていた「モノ」が、専門の業者によって１日〜２日の短期間でのこすものと処分するものに分別され、処分するものは手際よく業者によって運び出されます。私たち（(社) 安心サポート）もよく「おひとりさま」の死後事務をお手伝いしますが、死後事務で一番つらいのは遺品整理の現場への立会いといっても過言ではありません。

ご自身にはどんなに大切なものであっても、
他人からすると残念ながらそのほとんどが無価値なものとなってしまう

遺品整理の流れなど

　お亡くなりになって葬儀、納骨が終了し、四十九日が過ぎたころに遺品整理に着手するケースが多いようです。なお、自宅が賃貸住宅ですと、賃貸契約で住宅の明け渡し（解約）期限が定められているため[※1]、賃貸契約書を確認しながら遺品整理を進めていくことになります。

※1：一般的な賃貸契約では、賃借人からの解約予告期限を1か月前としている場合が多いことから、賃貸住宅の場合は遺品整理を早めに行い、期限までに賃貸契約の解約・精算、住宅の明け渡し（返却）を行います。
　　　遺品整理に先立って、遺品整理業者に自宅の状況[※2]や処分する「モノ」の量を確認してもらい、作業期間や費用の見積もりを行います。この時に忘れずにしておきたいのが、自宅の所有者、自宅内の「モノ」（一般的に「動産」と呼びます）の所有者などの了解を得ておく、ということです。生前はご自身のものであっても亡くなった瞬間に相続もしくは遺言によって、新しい所有者が決まりますので、後々新しい所有者から「勝手に自宅に立ち入った」とか「○○があったはずだ」等のクレームにならないよう、遺品整理をスムーズに進めるためのポイントです。

※2：マンションなどですとエレベーターや共用部分の養生や、居住者への事前の通知などが必要となる場合があります。
　　　費用ですが、場所や時期また業者によって異なるため一概にはいえませんが、処分する「モノ」の量1㎡につきだいたい1.2～1.5万円、これに処分する特定の電化製品（エアコン、冷蔵庫、テレビなど）のリサイクル料や運送費などが加算されて見積り費用となることが多いようです。

　見積りが終わるといよいよ作業に入ります。遺品整理業者によって「のこすもの」と「処分するもの」に分別されますが、この時に必ず立会いを行い、遺品の中に現金や貴重品、重要書類などがないか直接確認することが大切です。

のこすもの	
相続の対象となるもの	現金、預貯金（通帳）、有価証券、保険証券、権利証、貴金属、（遺言書）など
行政手続に必要なもの	健康保険証、マイナンバーカード、年金証書、運転免許証、パスポート、など
契約変更、解除、納税、精算などに必要なもの	不動産売買契約書、賃貸契約書、納税通知書・申告書、（電気、水道、ガス、電話、NHK、クレジットカード、プロバイダ、など）領収書など
形見分け、思い出の品	アルバム、時計、宝石、筆記用具、など
リサイクルできるもの	（程度のよい）電化製品、パソコン、など
その他	（自宅の）鍵類、レンタル・リースで借りているもの
それ以外は処分	

「のこすもの」はだいたい次のようなものが該当します。なお、「形見分け」や「思い出の品」、「リサイクル」としてパソコンやスマホなどをのこす場合は注意が必要です。パソコンやスマホには個人情報が満載ですので、「形見分け」や「思い出の品」としてのこす場合は、個人情報ものこすのか？　また、リサイクル品として再利用する場合は個人情報を抹消、ということも考えておかなくてはなりません。

注意すべき点など

廃棄物、遺品整理業者について

　一般家庭から出る遺品は「一般廃棄物」という扱いとなり、これを自治体の処分場に持ち込むためには管轄する市区町村長の許可が必要となります。したがって、遺品整理業者を選ぶ際はこういった許可など、きちんと処分場まで持ち込めるルートを持っているか確認します。ルートを持っていないと不法投棄などにつながる恐れもあります。リサイクル品を買い取る場合は古物商の免許が必要となります。また、見積書に料金内訳が明示されているか、料金が異様に安く（高く）ないか、などもその業者が、きちんとしているかどうかの判断材料になると思われます。

デジタルデータ（遺品）について

　最近はパソコンに保存した画像やデータ、SNSなどのデジタルデータの削除も関心が高まっています。

　デジタルデータはデータの「保存場所」により大きく2つに分けられます。

　1つは「ハードディスク」や「メモリ」といわれる機器の本体内に保存されるもので、パソコンやスマホなどがその代表です。ハードディスクやメモリについてはパソコンやスマホを立上げ（立上時にパスワード入力を要求される場合がありますので注意が必要です）、データを初期化すれば情報は消去できます。ただし、初期化の方法によってはデータを復元できてしまう場合もありますので、完全を期すのであれば、ハードディスクやメモリを取り出して物理的に破壊してしまうのが確実です。

　もう1つはクラウドサービスでデータが蓄積されているもので、データの保存場所を直接破壊することは不可能です。Googleやtwitter、LINEなどがその代表です。原理原則で行くのであれば、Google社やtwitter社に使用者が死亡したことを連絡し、データを抹消してもらうというのでしょうが、そもそもこ

れらの会社がこういった依頼を受けてくれるかどうかわかりません。また、そもそも海外には相続という概念がない場合も多いのです。したがって、クラウドサービスの場合は、本人が使用していたIDやパスワードでアクセスし、アカウントを削除することになります。アクセスするためにはパソコンやスマホを使いますので、当該パソコンやスマホのロック解除のためのパスワードも必要となります。

一覧表の作成：エンディングノートの活用を

　デジタルデータは「モノ」と異なりそのままでは見ることができません。したがって、「○○のデータが○○にある」ということ、そして「このデータにアクセスするIDは○○、パスワードは○○」ということが分からなければ、わからずじまいというおそれもあります。

　また「遺品整理の流れ」の項でも説明しましたが、遺品整理の中でも必ず「のこすもの」があります。こういったものが「どこにしまってあるのか」が分かることも遺品整理をスムーズに進めるための1つのポイントです。

　市販の「エンディングノート」にはだいたいこのようなことを記録する一覧表が含まれていますので、一覧表の作成にあたっては「エンディングノート」を活用されることをおすすめします。

生前整理の大切さ

　話しは最初に戻りますが、「モノ」はその主人を失った瞬間にそのほとんどが残念ながら「無価値なもの」と化してしまいます。

　「モノ」の命をできるだけ生かすためにも、その主人であるあなたご自身が元気なうちに生前整理を行うことを検討してみてはいかがでしょうか？　ご自身が使わないものであれば、誰かに活用してもらうこともできるでしょうし、また、リサイクルショップで売ることもできます。廃棄するにしても自治体の大型ごみの日に出せば、処分費用も安くなります。一度にすべてをやってしまおうとするとだいたいくじけてしまいます。そうならないためには、時間をかけて少しずつ実施していくことがポイントとなります。

Q 24

最新のお墓事情とその価格はどうなっているのですか？ また、「墓じまい」を選択した場合の留意点はありますか？

> **A** 価格はお墓の種類によっても異なりますし、留意点もあります。

解説

大きく「維持管理者が必要なお墓」と「維持管理者が不要のお墓」に分かれる

　霊園やお寺でよく見かける「○○家の墓」というのは「一般墓」とも呼ばれ、霊園やお寺から「永代使用権」※という権利で土地を借りてそこにお墓を建てています。このため、管理料を支払ったり、手入れなどお墓を維持していく人が必要となります。維持管理者が必要なお墓の典型です。

　これに対して、霊園やお寺によって呼び方はまちまちですが「永代供養墓」（※）というものがあります。これは納骨後の維持管理は霊園やお寺が行ってくれるというもので、維持管理者が不要のお墓の典型です。複数の人の遺骨と一緒に納骨されることが多く「合祀墓」や「合同墓」と呼ばれることもあります。
※：なお「永代使用権」と「永代供養墓」は混同されることが多いので注意が必要です。

一般墓
お墓の管理は個人が行う
維持管理者が必要

永代供養墓
お墓の管理は霊園やお寺が行う
維持管理者が不要

　このほか、「樹木葬」「納骨堂」「散骨」などさまざまな納骨の種類があります。それぞれの特徴などを以下にまとめてみました。

図表24-1 主なお墓の種類と特徴   出所：三井住友信託銀行作成

種類・名称	維持管理者	特徴	費用（目安）	納骨後の維持管理の手間
一般墓	必要	「○○家の墓」のように墓石のある従来からのお墓。霊園やお寺から「永代使用権」を購入し墓を建立する。維持管理者が必要。（放置した場合「無縁墓」となってしまう）	永代使用料 33.5万円〜992.8万円 年間管理費 1.3千円〜4.6千円（都営霊園（2019/9月）の例）	大
納骨堂	必要 不要な場合もある	都市部に増えてきているロッカー式のお墓。維持管理者が必要な場合が多いが、一定期間経過後は永代供養（合祀）墓に移行される契約等もあり、扱いは霊園によって異なる。	使用料50万円〜 使用料は「納骨数」「個別保管の年数」等によって異なる（都内の納骨堂の一例）	
樹木葬	必要 不要な場合も多い	樹木の周りに個別に納骨したり合祀する自然葬の1つ。維持管理者不要の永代供養を受け付けている墓苑も多い。新規募集から一定期間経過すると募集停止となる場合も多い。	納骨料50万円〜 納骨料は「納骨数」等によって異なる（都内の樹木葬の一例）	小
合祀墓 合同墓	不要	複数の人の遺骨と一緒に納骨するお墓。永代供養墓であり、維持管理の手間がかからず、比較的安価に納骨できる。ただしいったん納骨すると遺骨の返却はできない。有名なところでは、善光寺（長野）、一心寺（大阪）、日泰寺（名古屋）、等がある。	納骨料3万円〜（都内の永代供養合祀墓の一例）	不要
散骨	不要	海や特定の場所（陸地）に粉末状にした遺骨を撒くもの。散骨の場所は自治体などによって制限（指定）されていることが多い。散骨後の管理は不要であることから「おひとりさま」に向いている。	散骨料5万円〜 散骨業者が親族に代わって散骨する「代理プラン」（都内の散骨業者の一例）	不要

　いろいろな種類がありますが、霊園やお寺によって特徴や費用はまちまちですので、ご自身で直接問い合わせ、確認することが大切です。

関心が高まる「維持管理者の不要なお墓」：一方で問題も

　鎌倉新書が発表した「第13回お墓の消費者全国実態調査 (2022年)」によると、2022年に新規で「樹木葬」を購入した方の割合は、41.5％と「一般墓」の25.8％を大きく上回っています。2018年では「一般墓」を購入される方が46.7％であったことから考えると、4年間で大きな変化があったといえます。納骨費用が比較的安価であり、納骨後の管理の手間が小さいもしくは不要と、子どもたちや親族の管理負担などを抑えられること、さらに「樹木葬＝自然 (に帰る)」といったイメージも現代の流れにマッチしているといえるのでしょう。

　一方で、鎌倉新書の2020年の調査によると、「故人が (先祖代々や家族の) お墓を既に持っていた」割合は49.9％となっています。新しくご自身の希望に合ったお墓を購入できる方はよいのですが、約半数の方は先祖代々や家族のお墓 (大半が維持管理者の必要な「一般墓」と思われます) を持っており、そうなると「誰が維持管理を行うのか？」という問題が出てきます。維持管理者がいればその方にお願いすればよいのですが、いないとなると霊園やお寺と話し合いが必要となります。

　最近では、維持管理できる後継者がいないということは珍しいことではありません。霊園やお寺でも「対応策」※を持っている場合も多いので、事情をしっかり説明してよく話し合うことが大切です。しかし、そのような「対応策」もないとなると「墓じまい」を検討することになります。

※：霊園やお寺の中には「一般墓」とは別に後継者のいない方のための「永代供養合祀墓」
　　をそなえているところも少なくありません。

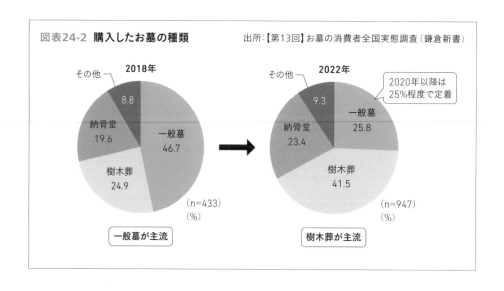

図表24-2　購入したお墓の種類　　出所：【第13回】お墓の消費者全国実態調査 (鎌倉新書)

2018年
その他 8.8
納骨堂 19.6
一般墓 46.7
樹木葬 24.9
(n=433)
(%)
一般墓が主流

2022年
2020年以降は25％程度で定着
その他 9.3
納骨堂 23.4
一般墓 25.8
樹木葬 41.5
(n=947)
(%)
樹木葬が主流

「墓じまい」は「お墓（お骨）の引っ越し」

　「墓じまい」というと、先祖代々のお墓をご自身の代でなくしてしまい罰当たり、と思われるかもしれませんが、「お墓（お骨）の引っ越し」と考えれば気持ちが楽になると思います。私たちも賃貸マンションなどに住んでいれば、「転勤により通勤がきつくなったので便利なところへ」、「子どもが増えた（減った）のでもっと広い（こじんまりとした）ところへ」、「保証人が手当てできないので保証人不要のところへ」、「家賃が高いのでもっと安いところへ」など、さまざまな理由で引っ越しをします。お墓もこれと同じです。

　ここで大切なことは、引っ越しもそうですが、まずは今までお世話になった大家さん（お墓ですと霊園やお寺）に、引っ越さなくてはならない理由をしっかりと説明し、今までお世話になったお礼も忘れない、ということです。そういう点では、普段からの「お付き合い」は大切です。

墓じまい（改葬）の流れ

　こうやって、現在の霊園やお寺の了解（図表24-3-①）をいただいたら、実際に

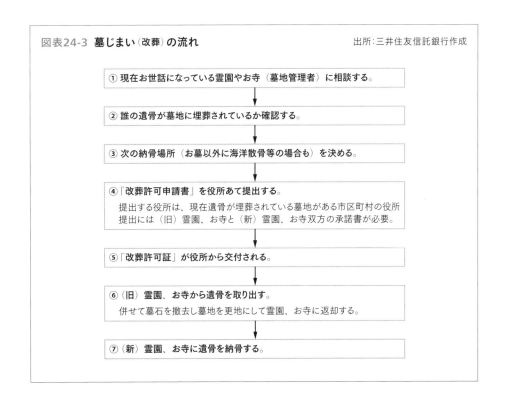

図表24-3　墓じまい（改葬）の流れ　　　　　　　出所：三井住友信託銀行作成

① 現在お世話になっている霊園やお寺（墓地管理者）に相談する。

② 誰の遺骨が墓地に埋葬されているか確認する。

③ 次の納骨場所（お墓以外に海洋散骨等の場合も）を決める。

④「改葬許可申請書」を役所あて提出する。
　提出する役所は、現在遺骨が埋葬されている墓地がある市区町村の役所
　提出には（旧）霊園、お寺と（新）霊園、お寺双方の承諾書が必要。

⑤「改葬許可証」が役所から交付される。

⑥（旧）霊園、お寺から遺骨を取り出す。
　併せて墓石を撤去し墓地を更地にして霊園、お寺に返却する。

⑦（新）霊園、お寺に遺骨を納骨する。

墓じまいに着手します。「お墓（お骨）の引っ越し」ですから、次の引っ越し先（お墓や散骨）の手当て（図表24-3-③）や、何人（だれの遺骨があるのか）で引っ越すのか（下記②）確認、また、実際の引越手続き（図表24-3-⑥、⑦）などは結構時間と手間がかかりますので、余裕をもって進めることが大切です。

　最近では、墓じまいの手続（図表24-3-④〜⑦の部分）を専門に代行してくれる業者もあります。（新）（旧）霊園、お寺に相談すると紹介していただける場合も多いと思います。ただし、図表24-3-①の「現在お世話になっている霊園やお寺への相談」については、自ら行うことが大切です。「現在お世話になっている霊園やお寺」が心よく墓じまいに応じてくれることが出発点となることを忘れないでください。

最後に：「納骨は自分ではできない」、ということ

　Q22でもご説明しましたが、納骨を行う時にご自身はいません。「維持管理者」が不要である「樹木葬」や「海洋散骨」であっても「誰か」にやってもらわなくてはなりませんし、費用もかかります。「誰に納骨をお願いするのか」に加えて、納骨先（霊園、お寺）にも、しっかり「○○が納骨するので必要な手続きを……」ということを伝えておく必要があります。「立つ鳥あとを濁さず」というように、最後までご自身で幕を引くことができれば素敵ではありませんか。

• 簡素化に加えてカジュアル化

　最近の葬儀は「こじんまり」「シンプル」へと向かっているというのはQ22（最近の葬儀事情）でご説明しましたが、加えてカジュアル（普段着）化というのも1つの傾向と思われます。

　以前ですと、葬儀は最後のお別れという特別のものであり、きちんと喪服に身をつつんで数珠などもしっかり準備して参列というのが通例でした。

　最近では、「参列は平服で」や「香典などは辞退」からはじまって、儀式についても改まったものではなく「皆で自由に故人を思う時間に」というのも増えてきています。また、葬儀をネットで配信し、参列者はネットで参加などのサービスを行う葬儀社もあります。ただ、結婚式では事前に用意周到に準備することができますが、お別れの日は突然来ることも多く、事前の準備をしっかりというのはなかなか難しく、結局は残された親族等の方々の手配になる、というのが実態のようです。

　大切なことは、「故人に思いをはせる」ということですが、あまり場違いな格好などで式に参列というのもつらいので、事前に葬儀式場やご親族などに確認されることをおすすめします。

• お葬式＝お別れ会という考え方

　最近では「生前葬」を行う方も増えてきています。だれのための葬儀か？というとご自身のため、そしてのこされた（る）方のため、それであれば、ご自身が元気なうちにお別れ会をやっておこう、ということでしょうか。生前にお別れ会を実施された、参加された方にお伺いすると「とてもよかった」という回答が多いのもうなずけます。

• お墓参りの代行も

　一般墓は維持管理する人が必要ですが、遠方や高齢などの理由で簡単に行けない方もいらっしゃると思います。こういった方々のために、最近ではお墓のお手入れやお墓参りを代行してくれる墓苑や、専門の業者も登場してきています。墓苑や業者によっては、お手入れ後のお墓や、お墓参りの様子を写真やネットで配信してくれるサービスも行っていますので、調べてみるとよいと思います。

　そうした業者でなくとも、お墓の維持管理が困難になった時は、早めに霊園やお寺に相談されることをおすすめします。

第 8 章

子どもたちのための「親の終活」支援
事前アクションポイント編

Q 25

子どもたちが「親の終活」を支援する際の
ポイントと留意点は何ですか?

> **A** まずは、親に相続発生後の手続きの大変さを把握してもらうことが大切です。

解説

　親が亡くなると、相続や死後事務などの手続きは膨大です。もし、親がご自身の死後の準備、「終活」をおろそかにしていると、煩雑な手続きが子どもたちに降りかかります。

　大半の親は、「家族に迷惑をかけたくない」と考えています。しかし、親を亡くした経験のある方々に話を聞くと、防犯対策の観点からか、「通帳があちらこちらに、ばらばらに保存されていた」、「保管されていたエンディングノートには何も書かれていなかった」といった声を聞きます。

　「財産目当てだと思われそう」と、親の所有財産について聞き出すのは、抵抗を感じる方も多いはずです。そのような場合は、強引な説得ではなく、身近な人の苦労話から「終活」の話をしたり、ご自身の「終活」を親と一緒に始めてみるのもよいかと思われます。

　そういった話もしづらいようなら、「終活」についての本や雑誌を見てもらうことや、「終活」に関するセミナーに参加してもらうことも、効果的だと思われます。

相続発生後の手続きの一例	
相続人の確定 戸籍謄本等の取得	金融機関の手続きや不動産の登記等で、相続人を確定するために戸籍謄本が必要です。 亡くなった方は、出生から死亡までの連続した戸籍が必要であり、本籍地を異動されている場合は、複数の市役所での取得が必要となり、遠隔地の場合は特に大変です。
相続財産の 調査・把握	金融機関の通帳や証券会社からの運用報告書、保険会社等からの郵送物等を頼りに相続財産の特定が必要です。 不動産についても、権利証の確認や市役所から固定資産税評価証明書を取得するなどして、土地や建物の特定が必要です。
死後事務	近しい人への死亡の連絡、葬式の手配に留まらず、クレジットカード、携帯電話会社や水道光熱費の手続き、最近ではオンラインサービスの解約など手続きは多岐に渡ります。

義母は過去に本籍を何度か移していたうえ、出生地が不明でした。役所に問い合わせてもなかなか辿り着けず、結局、費用を払って司法書士に調べてもらいました。

転勤族だった亡父は、あちこちの地方銀行で口座を作ってヘソクリを貯め込んでいました。
解約・換金手続きが想像以上に大変でした。

クレジットカードが大量にあり、解約手続きが大変でした。携帯電話会社や水道光熱費の明細も探すのに一苦労で、書類を保管する場所を1か所に決めておいてくれればよかったと思いました。

Q 26

コロナ禍、子どもたちがリモートで「親の終活」を支援する際に
押さえておくべきポイントは何ですか?

> **A** 遠隔のため、なかなかご家族の交流がとれないことがあるかと思います。そんな中でも「親の終活」の支援は可能です。以下に掲載の「終活 TO DOリスト」をご家族で共有され、終活の支援の参考にされることをおすすめします。

　相続が発生すると、大きく2種類の手続きが発生します。「財産の相続」と「死後事務手続き」です。

　法律上、相続財産の処分または引き継ぎは、遺言がなければ、法定相続人全員で遺産分割協議を行うのが原則です。車の相続でも、車検証、実印、印鑑証明とともに、遺産分割協議書を提出する必要があります。廃車にする場合も、いったん誰かが相続したうえでの手続きになります。

　遺言やエンディングノートを生前に作成ただくのが、ベストではありますが、銀行の預貯金や株式などの有価証券といった金融資産、また所有する不動産などのリスト化しておいてもらうだけでも、大きく負担は軽減されます。難しければ、メインでどの銀行や証券会社を利用しているかを把握し、あまり利用していない他の金融機関の口座を、閉じてもらうお願いをしておきましょう。

「終活　TO DOリスト」

財産の相続	金融機関の口座	①	通帳や取引明細の保管場所の共有
		②	インターネット取引の ID またはメールアドレスの共有
		③	不要な口座は解約
	自宅や所有不動産	④	登記簿謄本の保管場所や不動産の所在地を共有
		⑤	登記簿謄本の名義や住所を最新な状態に
	車	⑥	車検証の保管場所を共有
	クレジットカード	⑦	利用しているクレジットカード会社の共有
		⑧	不要なカードは解約

死後事務手続き	携帯電話スマートフォン	⑨	利用している会社の共有
	LINE Facebook 等の SNS サービス	⑩	アカウントの ID・メールアドレスの共有
	パソコン	⑪	パソコンの ID とパスワードの共有
	公的サービス	⑫	年金手帳、保険証、公共料金明細、 マイナンバーカードの保管場所の共有
	葬儀	⑬	一般葬・家族葬・直葬・生前葬等の希望を共有
		⑭	葬儀に呼ぶ方の共有
	墓	⑮	一般墓、永代供養墓、散骨等の希望を共有
	訃報連絡	⑯	友人、知人等の連絡先の共有
	ペット	⑰	死後、世話をする方の共有
	形見分け	⑱	形見分けで贈る品物、贈る相手の共有

おひとりさま信託

未来の縁*ing*ノート
エンディング

Ending Note

 三井住友信託銀行

自分らしく人生をクローズするために、
安心して未来を充実させるために、
今から準備できることがあります。
万一の時に気になる身の回りのこと、
三井住友信託銀行は、ライフスタイルが多様化する
人生100年時代を応援します。

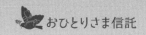 おひとりさま信託

フリガナ					
名前	姓			名	
生年月日	西暦　　　　年　　　　月　　　　日			**年齢**	歳
				性別	男性　・　女性
住所	☐ 自己所有（　戸建・マンション他　）　☐ 賃貸　☐ 施設等　☐ その他（　　　　　　　）				
	〒				
	管理会社等名称		TEL		
TEL	携帯		固定		
メールアドレス	パソコン　　　　　　　　＠		パソコン　　　　　　　　＠		
	スマホ　　　　　　　　　＠		スマホ　　　　　　　　　＠		
勤務先等	☐ 会社員等　☐ 自営業　☐ 自由業　☐ 無職　　TEL				
	勤務先等名称				
遺言書	☐ 作成済（　自筆証書・公正証書・秘密証書　）　☐ 作成予定（　　　　　頃）　☐ 予定なし				
機械警備	☐ 契約済み　☐ 契約なし				
	契約先等名称		TEL		
	所在地				

私の希望（死後事務目録）

☐ 火葬、通夜・告別式等葬儀に関する事務

☐ 葬儀はせず、火葬のみ
☐ 火葬、および葬儀（通夜・告別式）をして欲しい　（　家族葬　・　一般葬　）
☐ 既に予約済みであり、予約先に連絡して欲しい

〈フリガナ〉 葬儀予約先名称		〈フリガナ〉 代表者名	
所在地		TEL	

☐ 埋葬に関する事務、永代供養に関する事務

☐ お墓に遺骨を埋葬せず、自然葬をして欲しい　（　樹木葬　・　海洋散骨　）
☐ 永代供養墓に埋葬して欲しい
☐ 指定の墓に埋葬して欲しい

〈フリガナ〉 寺院／霊園等名称		〈フリガナ〉 代表者（住職）名	
所在地		TEL	

死 後 事 務 目 録

□ 家財（家財道具、身の回りの生活用品、その他これらに準ずるもの）の処分、整理等に係る契約の締結・変更・解除

□ 遺品整理業者に委託し、自宅の家財を全て処分して欲しい　（　親族等立会い　：　希望する　・　希望しない　）

□ 遺品整理業者に委託し、自宅以外の以下に保管する家財を全て処分して欲しい

契約会社名称		TEL	
所在地			
鍵の保管場所			

□ SNSやデジタルデータ等デジタル遺品の削除・解約（10件まで対応可能）

デジタルデータ	削除・解約	ID	ロック解除のパスワード
PCのデータ	□		
スマートフォンのデータ 1	□		
スマートフォンのデータ 2	□		
アップルID	□		
グーグルID	□		
LINE	□		
Facebook	□		
Instagram	□		
Twitter	□		
	□		

□ クレジットカードの解約（5件まで対応可能）

カードの名称	カード番号

□ 公共サービス等の解約（10件まで対応可能）

利用サービス	利用会社	お客さま番号・契約者番号等
電気		
水道		
ガス		
固定電話		
携帯電話・スマートフォン		
NHK		
プロバイダ		
ホームセキュリティ		

☐ ペットの輸送手配、ペットの施設入居に係る契約の締結・変更・解除

☐ 以下の託し先に私のペット（名前： ）を輸送して欲しい

種類	大型犬 ・ 中型犬 ・ 小型犬 ・ 猫 ・ その他（ ）

託し先氏名／名称	TEL

所在地	

☐ 私のペット（名前： ）をペットホームに入居手配をして欲しい

種類	大型犬 ・ 中型犬 ・ 小型犬 ・ 猫

死亡通知人 (5件まで設定可能)

NO.	氏名／名称	生年月日 西暦 年 月 日 ご関係
1	TEL(携帯)	メールアドレス ＠
	住所	[☐ 推定相続人]
2	氏名／名称	生年月日 西暦 年 月 日 ご関係
	TEL(携帯)	メールアドレス ＠
	住所	[☐ 推定相続人]
3	氏名／名称	生年月日 西暦 年 月 日 ご関係
	TEL(携帯)	メールアドレス ＠
	住所	[☐ 推定相続人]
4	氏名／名称	生年月日 西暦 年 月 日 ご関係
	TEL(携帯)	メールアドレス ＠
	住所	[☐ 推定相続人]
5	氏名／名称	生年月日 西暦 年 月 日 ご関係
	TEL(携帯)	メールアドレス ＠
	住所	[☐ 推定相続人]

☐ 訃報連絡／菩提寺・親族等関係者への連絡事務 (死亡通知人と合わせて20件まで対応可能)

NO.	氏名／名称	ご関係	
6	TEL(携帯)	連絡時期	☐ 葬儀前 ☐ 葬儀後
	住所		
7	氏名／名称	ご関係	
	TEL(携帯)	連絡時期	☐ 葬儀前 ☐ 葬儀後
	住所		
8	氏名／名称	ご関係	
	TEL(携帯)	連絡時期	☐ 葬儀前 ☐ 葬儀後
	住所		

☐ 訃報連絡（続き）

NO. 9	氏名／名称		ご関係			
	TEL（携帯）		連絡時期	☐ 葬儀前	☐ 葬儀後	
	住所					

NO. 10	氏名／名称		ご関係			
	TEL（携帯）		連絡時期	☐ 葬儀前	☐ 葬儀後	
	住所					

NO. 11	氏名／名称		ご関係			
	TEL（携帯）		連絡時期	☐ 葬儀前	☐ 葬儀後	
	住所					

NO. 12	氏名／名称		ご関係			
	TEL（携帯）		連絡時期	☐ 葬儀前	☐ 葬儀後	
	住所					

NO. 13	氏名／名称		ご関係			
	TEL（携帯）		連絡時期	☐ 葬儀前	☐ 葬儀後	
	住所					

NO. 14	氏名／名称		ご関係			
	TEL（携帯）		連絡時期	☐ 葬儀前	☐ 葬儀後	
	住所					

NO. 15	氏名／名称		ご関係			
	TEL（携帯）		連絡時期	☐ 葬儀前	☐ 葬儀後	
	住所					

NO. 16	氏名／名称		ご関係			
	TEL（携帯）		連絡時期	☐ 葬儀前	☐ 葬儀後	
	住所					

NO. 17	氏名／名称		ご関係			
	TEL（携帯）		連絡時期	☐ 葬儀前	☐ 葬儀後	
	住所					

NO. 18	氏名／名称		ご関係			
	TEL（携帯）		連絡時期	☐ 葬儀前	☐ 葬儀後	
	住所					

NO. 19	氏名／名称		ご関係			
	TEL（携帯）		連絡時期	☐ 葬儀前	☐ 葬儀後	
	住所					

NO. 20	氏名／名称		ご関係			
	TEL（携帯）		連絡時期	☐ 葬儀前	☐ 葬儀後	
	住所					

☐ 形見分けの連絡、発送（6件まで対応可能）

品物		品番	
ブランド名		贈る相手	NO.
保管場所			

品物		品番	
ブランド名		贈る相手	NO.
保管場所			

品物		品番	
ブランド名		贈る相手	NO.
保管場所			

品物		品番	
ブランド名		贈る相手	NO.
保管場所			

品物		品番	
ブランド名		贈る相手	NO.
保管場所			

品物		品番	
ブランド名		贈る相手	NO.
保管場所			

☐ 死亡届に関する事務

☐ 年金、介護保険その他社会保障給付に関する届出事務

☐ 死亡に伴い必要となる行政官庁に対する諸届出事務（年金、介護保険その他社会保障給付に関する届出以外の事務）

おひとりさま信託の残余財産の託し先

☐ 公益法人へ寄付　　　名称

☐ 推定相続人	NO.	氏名			
		生年月日　西暦　　　　　　　　年　　　　　　月　　　　　　日			

SMS安否確認

安否確認ターム	☐ 年1回　☐ 年2回　☐ 月1回　☐ 週1回
安否確認曜日 （週1回の場合）	☐ 日曜日　☐ 月曜日　☐ 火曜日　☐ 水曜日　☐ 木曜日　☐ 金曜日　☐ 土曜日

私の財産

銀行口座

金融機関名	取引の種類	金額
支店名	口座番号	万円
金融機関名	取引の種類	金額
支店名	口座番号	万円
金融機関名	取引の種類	金額
支店名	口座番号	万円
金融機関名	取引の種類	金額
支店名	口座番号	万円
金融機関名	取引の種類	金額
支店名	口座番号	万円
金融機関名	取引の種類	金額
支店名	口座番号	万円

証券口座

金融機関名	取引の種類	金額
支店名	口座番号	万円
金融機関名	取引の種類	金額
支店名	口座番号	万円
金融機関名	取引の種類	金額
支店名	口座番号	万円

その他の取引

会社名	取引の種類	時価
支店名	口座番号	万円
会社名	取引の種類	時価
支店名	口座番号	万円

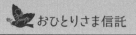

生命保険

保険の名称		保険の種類	☐ 終身　☐ 年金　☐ 定期　☐ その他
取扱会社		証券番号	
保険の名称		保険の種類	☐ 終身　☐ 年金　☐ 定期　☐ その他
取扱会社		証券番号	
保険の名称		保険の種類	☐ 終身　☐ 年金　☐ 定期　☐ その他
取扱会社		証券番号	
保険の名称		保険の種類	☐ 終身　☐ 年金　☐ 定期　☐ その他
取扱会社		証券番号	

医療保険／損害保険

保険の名称		保険の種類	☐ 医療　☐ がん　☐ 火災　☐ 自動車　☐ その他
取扱会社		証券番号	
保険の名称		保険の種類	☐ 医療　☐ がん　☐ 火災　☐ 自動車　☐ その他
取扱会社		証券番号	
保険の名称		保険の種類	☐ 医療　☐ がん　☐ 火災　☐ 自動車　☐ その他
取扱会社		証券番号	
保険の名称		保険の種類	☐ 医療　☐ がん　☐ 火災　☐ 自動車　☐ その他
取扱会社		証券番号	
保険の名称		保険の種類	☐ 医療　☐ がん　☐ 火災　☐ 自動車　☐ その他
取扱会社		証券番号	

自宅以外の不動産（本人名義）

所在地			
種類・用途		面積	㎡
所在地			
種類・用途		面積	㎡

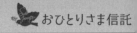
各種会員権等

種類		評価額	万円
名称等			
種類		評価額	万円
名称等			
種類		評価額	万円
名称等			

ローン・負債

種類		借入残高	万円
金融機関名			
種類		借入残高	万円
金融機関名			

貸金庫

金融機関名等	支店名
金融機関名等	支店名

自由記入欄

ご記入日　　　　年　　　月　　　日

おひとりさま信託

お客さま（委託者兼受益者）から当社（受託者）に信託された財産を、お客さまの相続が発生した際に、あらかじめ指定された死後事務委任契約に係る費用等を精算のうえ、残余信託財産を帰属権利者にお支払いする商品（特約付合同運用指定金銭信託）です。

手数料（信託報酬）

＊新規設定時に33,000円（税込）を信託財産からお支払いいただきます。
＊信託終了時に以下 ア と イ の合計額を信託財産からお支払いいただきます。
　ア 110,000円（税込）
　イ 契約期間（年数、1年未満切り捨て）×6,600円（税込）
＊その他運用報酬として、信託金を運用した収益から信託元本と予定配当率に基づき計算してお支払いする収益金総額等を差し引いた金額を当社は収受します。

【個人情報の利用目的について】
本ノートで知り得たお客さまの個人情報につきましては、お客さまからのご相談に関する参考資料としてのみ使用し、それ以外の目的には使用いたしません。
また、お客さまの同意がある場合を除き、第三者へ提供いたしません。
三井住友信託銀行はお客さまの個人情報の適正な管理に努めます。
詳しくは、当社ホームページに掲載の「個人情報のお取扱いについて」をご覧ください。

未来の縁*ing*ノート
エンディング

https://www.smtb.jp　おひとりさま信託　検索

詳しくはお近くの店舗または当社ホームページにてご確認ください。

見やすく読みまちがえにくい
ユニバーサルデザインフォント
を採用しています。

2022年5月10

P2934

「終活」に終わりはありません。

「形あるもの」の整理が終わったら、こんどは「形のないもの」の整理と新たな挑戦・思い出づくり…「心の終活」でさらに豊かでサクセスフルな人生に。

1. 大切な人の一覧

❶ いつかは「ありがとう」と言いたい人たち

お名前	ご連絡先	思い出

❷ いつかは「ごめんね」と言いたい人たち

お名前	ご連絡先	思い出

2. ご自身の人生の振り返り

時代	思い出	思い出の場所	思い出にかかわった人々
小学校より前			
小学校			
中学校			
高校			
大学			
就職			

時代	思い出	思い出の場所	思い出にかかわった人々
～40才まで			
～60才まで			
～80才まで			
～100才まで			

3. これから作りたい思い出・やってみたいこと

行きたいと思う場所やお店	
学生時代や働いていた時にやり残したことで、これからやってみたいこと	
読んでみたい本	
観てみたい映画	
やってみたい趣味や勉強	
手に入れたいもの	
その他挑戦したいこと	

4. その他何でも

あとがき

　近年、新型コロナウイルス感染症の拡大は私たちの暮らしに大きな変化をもたらしました。各種の制約や制限により不自由さを強いられた一方で、改めて自らのこれまでの人生をじっくりと見つめ直し、これからの過ごし方に想いを巡らせる機会とされた方も多いのではないかと思われます。本書のテーマは「終活」ですが、その「終活」も単なる整理や作業に留まるのではなく、残りの人生をより楽しく、より豊かに過ごすための準備としてとらえていただきたい、その一助となればとの想いから本書の出版に至りました。

　私ども三井住友信託銀行では、お客さまの「人生100年時代のベストパートナー」として、お金や資産に関するさまざまなお悩みやご相談に対し、最適な解決策をご提供させていただいております。

　長寿化の進展に伴い、老後の充分な生活資金を確保するための「資産形成」の必要性や、「資産承継」のための贈与や遺言、「資産管理」のための信託商品・サービスへの関心がより高まってきています。例えば、当社では、ご資金を「まもる」「つかう」「つなぐ」ための機能をワンパッケージで取り揃えた信託商品である「人生100年応援信託〈100年パスポート〉」を2019年より、2021年には資産運用機能を追加した「人生100年応援信託〈100年パスポートプラス〉」の取扱いも開始し、みなさまからご好評をいただいております。

今後とも当社は、「信託の力」で、新たな価値を創造し、お客さまや社会の豊かな未来を花開かせることをパーパス（存在意義）として掲げ、お客さまから信頼され末永くお取り引きいただけるよう努力してまいります。

　本書が、これからのみなさまのより良き人生を実現するために、少しでもお役に立っていただけるようにと祈りつつ、あとがきとさせていただきます。

2023 年 3 月

三井住友信託銀行株式会社
執行役員 個人企画部長
岡本 雅之

謝　辞

　本書は、多くの方々のご支援・ご協力をいただいて刊行することができました。

　本書をお手にとっていただき、お読みになっていただいたみなさまに、心より感謝申し上げます。本書が、「人生100年時代」を安心してお過ごしいただくことができるよう、「終活」を前向きにとらえ、ご準備を少しでも進めていただくきっかけとなれば誠に幸いです。

　本書は、三井住友信託銀行において、日々「終活」に関するご相談・コンサルティングを実施している全国の営業店部、個人のお客さまに対するご相談・コンサルティングの推進に取り組んでいる個人企画部、お取引先従業員のみなさまへの資産形成サービスを提供しているライフアドバイザリー部を始め、そのほか多くの方々のこれまで培ってきた「終活」分野におけるお客さまに対するサポート知見を集大成した形で、わかり易く1冊にまとめたものです。

　本書の企画・刊行にあたりまして、ご協力をいただきました前掲各部門並びに関係された方々に対しまして、改めてお礼を申し上げます。

　なお、本書の刊行に際し、編集業務にあたっていただいた、株式会社きんざいの松本直樹出版センター部長、一般社団法人金融財政事情研究会OB（元理事・事務局長）の河野晃史さんには大変お世話になりました。ここに改めて感謝を申し上げます。

2023年3月

「三井住友信託銀行　終活サポート研究会」共同代表
谷口 佳充（三井住友信託銀行　理事・人生100年応援部長）
丸岡 知夫（三井住友トラスト・資産のミライ研究所　所長）
木村 繁（一般社団法人安心サポート　代表理事）

編著者プロフィール

谷口 佳充 （たにぐち よしみつ）
三井住友信託銀行株式会社　理事・人生 100 年応援部　部長
1988 年に三井住友信託銀行入社。年金、遺言、不動産、保険、投資一任、金銭信託などで信託商品を開発。2019 年から現職。主な著書として、樋口恵子・秋山弘子・樋口範雄編著『しあわせの高齢者学』（弘文堂、2023）、新井誠編著『高齢社会における信託活用のグランドデザイン第 1 巻　信託制度のグローバルな展開と我が国の課題』（日本評論社、2023）がある。

丸岡 知夫 （まるおか ともお）
三井住友トラスト・資産のミライ研究所 所長
1990 年に三井住友信託銀行入社。確定拠出年金業務部にて DC 投資教育、継続教育のコンテンツ作成、セミナー運営に従事。2019 年より現職。主な著作として、『安心ミライへの「資産形成」ガイドブック Q&A』（金融財政事情研究会、2020）がある。

久米 伸彦 （くめ のぶひこ）
佐賀銀行　兵庫支店　次長　兼　営業統括本部　主任調査役
1990 年に佐賀銀行入行。人生 100 年時代に対応する商品・サービス企画を担当。2021 年7 月～ 2022 年 6 月に三井住友信託銀行の人生 100 年応援部にトレーニーとして所属。

田村 直史 （たむら ただし）
三井住友信託銀行株式会社　人生 100 年応援部　次長　兼　企画チーム長
三井住友トラスト・資産のミライ研究所　主任研究員
2003 年に三井住友信託銀行入社。業務部、経営企画部、プライベートバンキング部、個人企画部を経て、現職では、新規業務開発、営業企画などを担う。主な著作として、トラスト未来フォーラム編、田中和明・田村直史『改訂　信託の理論と実務入門』（日本加除出版、2020）などがある。

木村 繁 （きむら しげる）
一般社団法人安心サポート代表理事
1987 年に三井住友信託銀行入社。石神井支店、八王子駅前支店、難波中央支店、三軒茶屋支店、町田支店の支店長歴任後、財務コンサルタントを経て、2019 年に一般社団法人安心サポート代表理事に就任。

樋口 亮 （ひぐち りょう）
三井住友信託銀行株式会社　個人企画部　調査役
2011 年に三井住友信託銀行入社。入社後、名古屋栄支店、たまプラーザ支店にて、個人のお客さまの資産運用や承継のコンサルティング、不動産仲介、賃貸不動産に係る融資業務に従事し、2017 年より現職。現職では、個人向けの商品・サービスの開発に携わる。

辻内 喬之 （つじうち たかゆき）
三井住友信託銀行株式会社　人生 100 年応援部　調査役
2011 年に三井住友信託銀行入社。営業店部、ダイレクトバンキング部、個人企画部を経て、現職では、企画業務を担当。

清永 遼太郎 （きよなが りょうたろう）
三井住友トラスト・資産のミライ研究所　研究員
2012 年に三井住友信託銀行入社。千葉支店勤務後、2015 年より確定拠出年金業務部で企業の DC 制度導入サポートや投資教育の企画業務等を担当。2019 年より大阪本店年金営業第二部で、企業年金の資産運用・制度運営サポートに従事。2021 年より現職。現職では、資産形成、資産活用に関する調査研究並びに情報発信、また企業の従業員等に対する金融リテラシーセミナーの講師も務める。

矢野 礼菜 （やの あやな）
三井住友トラスト・資産のミライ研究所　研究員
2014 年に三井住友信託銀行入社。堺支店、八王子支店にて、個人のお客さまの資産運用・資産承継に係るコンサルティング及び個人のお客さまの賃貸用不動産建築、購入に係る資金の融資業務に従事。2021 年より現職。現職では、幅広い世代に対して、資産形成・資産活用に関する調査研究並びにホームページ・雑誌・書籍等を通じた情報発信を行っている。また YouTube・AR への登壇、全国の高等学校等における学生向け金融リテラシー授業の講師も務める。

瓜生 香会 （うりう かえ）
三井住友信託銀行株式会社　個人企画部　主任
1996 年に三井住友信託銀行入社。営業店部にて個人のお客さまの資産運用や承継のコンサルティング、個人事務企画推進部にて事務企画を経て現職。現職では、商品企画チームにて新商品・新サービスの開発に携わる。

清水 美帆 （しみず みほ）
三井住友信託銀行株式会社　個人企画部　主任
2009 年に三井住友信託銀行入社。八尾支店、自由が丘支店にて、個人のお客さまの資産運用・資産承継に関わるコンサルティングおよび賃貸用不動産の建築、購入資金の融資業務に従事。現職では、退職前後層ビジネスの営業企画を担う。

日下 大地 （くさか だいち）
三井住友信託銀行株式会社　個人企画部　主任
2015 年に三井住友信託銀行入社。町田支店、ローン営業部を経て、現職では、高齢層ビジネスの営業企画を担う。

久保 貴史 （くぼ たかふみ）
三井住友信託銀行株式会社　人生 100 年応援部　主任
2016 年に三井住友信託銀行入社。阿倍野橋支店にて、個人のお客さまの資産運用や承継のコンサルティング、不動産仲介、賃貸不動産に係る融資業務に従事。2021 年より現職。現職では、人生 100 年応援信託〈100 年パスポートプラス〉など新サービスの開発に携わる。

「最高の終活」実践ガイドブックQ&A
～50歳からのサクセスフル・ライフを目指して～

2023年 3月 31日　第 1 刷発行

編著者　　三井住友信託銀行「終活サポート研究会」
発行者　　加藤一浩

〒160-8520　東京都新宿区南元町19
発行所　　　一般社団法人 金融財政事情研究会
企画・制作・販売　株式会社きんざい
　　　出版部　　TEL 03-3355-2251　FAX 03-3357-7416
　　　販売受付　TEL 03-3358-2891　FAX 03-3358-0037
　　　　　　　URL　https://www.kinzai.jp/

デザイン：松田行正＋梶原結実／印刷：株式会社 光邦

ISBN978-4-322-14337-9